JN069026

国鉄優等列車列伝 第4巻
「とき」「佐渡」
上野～新潟を駆け抜けた優等列車の記録

寺本光照 著

雪への装備を施した181系ではあったが、東海道本線を走行していた151系からの改造グループは特に車齢も高く老朽化に拍車がかかっていた。1974年2月には所属車両の4割近くが故障するなどし、相当数の「とき」が運休に追い込まれたため、晩年は比較的車齢の若い車両で運転された。◎石打～越後湯沢　1980.2.19　撮影：大道政之（RGG）

.....Contents

1972年３月の山陽新幹線岡山開業で余剰となり新潟へ転属してきた151系改造の181系の中にはボンネットの赤帯省略し、大型スカートを装備したままの編成もあった。写真は小千谷駅で特急「とき７号」に追い抜かれる急行「佐渡４号」。◎小千谷　1974.4.20　撮影：荒川好夫（RGG）

はじめに

　大阪府の中河内に生まれ、北河内で育ち、そして現在は南河内に住む、根っからの河内人である筆者にとって、本書で扱う優等列車の活躍舞台である上越線は、沿線に親戚や友人が居るわけでなく、東北・北海道方面へ鉄道旅行をするにも、よほどのことがない限りは立ち寄ることがないので、縁のない路線の一つでもあった。

　この上越線と特急「とき」の存在を最初に知るのは、中学生になって間もない1962年の春、自宅最寄りの国鉄駅で、「信越本線長岡〜新潟間電化。上野〜新潟間に特急『とき』登場」のポスターを見た時である。「こだま」形電車の写真とキャプションを読んで、上越線が以前から全線電化されていることを知ったが、「とき」の列車名だけは由来が分からず、自宅に戻って百科事典で調べたのを今も覚えている。それから1年も経たない1963年1月28日にテレビのニュース番組で、雪のかたまりと化した急行「越路」が、新潟から6日がかりで上野駅に到着した映像は衝撃的で、雪害の怖さを思い知ったものだった。

　さて、筆者がはじめて実物の特急「とき」に出会ったのは、大学1年生の1969年8月23日に鉄道研究会の北関東合宿で高崎駅を訪れた時だが、上越線で撮影を行うようになったのは社会人3年目の1975年4月からである。鉄道写真はその10年近く前から撮っているので、同線の訪問はかなり遅いが、国鉄を対象とした撮影は蒸気機関車が残っている路線や、新幹線開業前の山陽本線などを優先していたのが理由である。しかし、上越線の車窓から飛び込んできた「国境の長いトンネルを抜けると、そこは雪国であった‥‥」で始まる名作『雪国』そのままの景色や、新旧の清水トンネルとループ線への興味、そこを行く181系・165系・EF15をはじめとする列車群に魅せられ、国鉄時代は1985年3月改正直後まで10回近く通った。結婚後は家族4人で越後湯沢付近のスキー場へ行き、家内と息子2人はスキー、筆者はゲレンデから列車撮影を楽しんだこともあった。

　今回の「国鉄優等列車列伝・第4巻」では、第1章で東京〜新潟間列車の変遷史を、上越線開業前の明治・官民並立期に、碓氷峠をアプト鉄道で越えていた頃から、JR化後の寝台特急「北陸」、急行「能登」廃止の2010年までを、年表や時刻表、編成図も交えて時系列で解説する。そして、第2章では上越線全線を走破する優等列車のうち、東京(上野)〜新潟間列車を中心に写真で活躍の跡を振り返る構成とした。

　本書により、難攻不落だった急峻な谷川連峰を抜ける鉄道建設に挑み、さらには「耐雪」から「克雪」への努力を重ねた先人たちの苦闘の跡や、新幹線開業前のバラエティー豊かな列車群の活躍ぶりに、昔年の鉄道への想いを馳せていただければ幸いである。

　また第2章では、上越線での撮影暦が1975年からの10年に限られる筆者に、それ以前の戦後国鉄黄金期に活躍した上越線列車の姿をお目にかけることは不可能で、撮影地にも偏りがあるため、大先輩である荻原二郎様・瀬古龍雄様・林 嶢様とRGG(レイルウェイズグラフィック)の皆様各氏のお力をお借りさせていただいた。書面をお借りして厚くお礼を申し上げます。

2022年4月　寺本光照

第1章

東京〜新潟間の
スピードアップに挑んだ
優等列車の物語

春とはいえ、山頂付近は真っ白な谷川連峰を眺めながら快走する181系下り特急「とき4号」。列車はあと20分ほどで新清水トンネルを抜け、あたり一面の雪国に入る。
◎2007M 上野発新潟行き特急「とき4号」181系電車10連　1975.4.4　後閑〜上牧　撮影：寺本光照

01 距離・時間の双方とも遠かった新潟への道

東京〜前橋間鉄道敷設に 私鉄の日本鉄道参入

第2巻の「東海道電車急行」編でも記したように、1867（慶応3）年の大政奉還を受けて成立した明治政府は、日本の国力を欧米列強と並ぶ水準にまで高めるため、中央集権国家の構築と富国強兵を目指す。

そして産業経済の発展と地域開発のためには、鉄道の建設は不可欠と考え、導入を計画。2年後の1869（明治2）年11月には、東京〜京都間を東西幹線とし、それに接続して港湾を直結する東京〜横浜間、京都〜神戸間、琵琶湖〜敦賀間を支線の形で建設することを廟議決定する。そして、このうち投資効果の高い京浜間と京阪神間は、1877（明治10）年までに開業する。

この間、肝心の東西幹線については、江戸時代の幹線街道である東海道と中山道のどちらに沿ったルートとするか、1870（明治3）年頃から調査が開始されていたが、地域開発に果たす鉄道の役割の大きさという観点から、中山道案が有力だった。そこで、当初予定の支線区のうち未開業のまま残っていた、琵琶湖〜敦賀（京都〜大津、米原〜敦賀）間着工後の1880（明治13）年に、東京〜前橋間の着工認可が下される。同区間は中山道沿いというだけでなく、両毛地方（現在の群馬・栃木県）は、当時日本最大の輸出品だった蚕糸の一大産地であるため、横浜港への輸送ルートとしての役割も注目されたわけである。

しかし、京阪神間全通直後に勃発した西南戦争に、政府は多大な軍事支出を強いられたことで、鉄道建設計画も見直しが迫られ、東京〜前橋間鉄道敷設は認可が撤回されてしまう。そうした折、政府に代わって鉄道経営を行うため、1881（明治14）年11月11日に、旧公家や大名たちを中心に、日本鉄道会社が設立される。わが国では初の私鉄ではあるが、建設工事や運営は政府が行うという半官半民の会社だった。

この日本鉄道は設立に際し、政府が断念した東京〜前橋間と、途中で分岐して青森にいたる鉄道建設を請願する。こうして日本鉄道は"北関東と東北の

私鉄"となるわけだが、当初は会社名にふさわしく九州などへ進出も意図していたといわれる。

「東西幹線」の副作物だった直江津〜上田間

日本鉄道が前橋までの一期区間として上野〜熊谷間の営業を開始した1883（明治16）年7月には、政府も琵琶湖〜敦賀間鉄道の岐阜延長線として、長浜〜関ヶ原間を開業させる。大津（現浜大津）〜長浜間は未開業だが、その間は琵琶湖上を行く太湖汽船が連絡輸送を引き受けた。もちろん、わが国では初の「鉄道連絡船」だが、鉄道を敷設するにも苦にならない区間を後回しにしたのは、予算面の事情もあるのか、何とものんびりした話だった。

同年8月6日、東京〜前橋間鉄道建設工事さ中にもかかわらず、保留されたままだった東西幹線が、東京〜高崎〜上田〜松本〜中津川〜加納（岐阜）経由の中山道ルートに内定する。山中の勾配区間が連続する中山道に対し、東海道沿いは全体的としては平坦地形だが、大河川が多く橋梁工事が難しいというのが理由となって中山道に軍配が上がったのは、軍部の圧力が大きかったといわれる。ともあれ、中山道ルートについてはすでに東は日本鉄道により高崎まで、西は途中太湖汽船を介しながらも、大垣まで建設の目途がついているので、残る高崎〜大垣間は、工事区間を高崎〜松本、松本〜中津川、中津川〜加納の3区間に分け、政府の手で東西方向から鉄道建設が実施される運びになる。

東側区間のうち高崎〜横川間は、妙義山麓の勾配区間で、途中の松井田が日本初のスイッチバック駅になるものの、1885（明治18）年10月に開通。横川〜松本間については、横川〜軽井沢間で552.5mの高度差がある碓氷峠を越えるのに、線路選定から完成までは数年の時間を要するため、先に軽井沢〜松本間の工事から開始される。

しかし、ここでも新たな問題が発生する。機関車やレール、橋梁など、鉄道設備の一式を欧米から輸入に頼っていた当時、同区間のように、内陸部の飛び地区間では鉄道を建設するにも、資材搬入をどう

するかが先決になるのだ。そこで、日本海側の直江津を陸揚地とし、東西幹線建設予定地の上田まで資材運搬を目的とした鉄道が政府により建設される。

この鉄道は官設鉄道直江津線と通称され、1886（明治19）年8月15日にスイッチバック駅の関山まで開通する。本州日本海側に鉄道が開通するのは1882（明治15）年3月の金ヶ崎（のちの敦賀港、現廃止）に続き2番目で、新潟は1067㎜ゲージの鉄道が開通する14番目の道府県になる。しかし、その直前の7月19日に東西幹線の中山道ルートが、急遽東海道ルートに変更される。中山道幹線は高崎〜横川間を含め急勾配区間やトンネルが多く、建設費が嵩むうえに、碓氷峠や上田以西への開業には時間がかかることで、高崎〜大垣間の全通となると、見通しが付かないことが分かったからである。

だが、直江津線にとってこの知らせは朗報だった。もともと沿線の新潟県側には高田、新井のようにまとまった人口の集落があるし、長野県内に入ると県都の長野にも立ち寄ることで、日本海側からも参拝・観光・用務などに少なからずの利用が見込めること。さらに上田から軽井沢を経て横川まで開通すれば、東京と日本海側を横断する重要幹線として、一躍脚光を浴びるからである。だから、直江津線はもとより、すでに開通している高崎〜横川間の建設も無駄でなかったわけである。

こうして飛躍の機会を得た直江津線は、新潟・長野県境を連続25‰の急勾配を越えて長野県入りを果たしたあとは、工事が急ピッチで進み、1888（明治21）年には5月に県都の長野、8月に拠点駅の上田、そして12月1日には碓氷峠・長野県側の軽井沢に達する。

なお、計画が反古になった中山道ルートのうち、上田〜松本間は篠ノ井で分岐する篠ノ井線、松本〜岐阜間は篠ノ井線・中央本線（西線）・太多線・高山本線経由のルートで建設されるが、名古屋〜長野間の幹線的使命を持つ中央西線と篠ノ井線を除いては、工事のペースが遅く、"全通"した時には元号は昭和の時代になっていた。

碓氷峠区間ではアプト式鉄道を採用

群馬・長野両県にまたがる碓氷峠を高崎〜横川間の鉄道建設については、前述のような厳しい条件があっても、東京〜直江津間を直結するためには放棄することは許されなかった。それで、建設に際して

は、ケーブル線や迂回線、ループ線、スイッチバック設備の多用など、幾つかの案が出されるが、検討の結果、わが国の普通鉄道には例を見ない66.7‰の急勾配による、アプト式鉄道が採用される。線路の中央に敷かれたラックレールに、機関車が歯車をかみ合わせて登る方式で、ドイツのハルツ鉄道を参考に採用したといわれる。同国やスイスの山岳観光鉄道では現在も見られるが、それを輸送量が要求される幹線鉄道に導入するというのは例がなく、まさに冒険的な導入だった。利点を強いて挙げるとすれば、粘着鉄道での限界とされる33.3‰の勾配路線を建設するよりも距離が短くてすみ、建設費や工期を抑えられることくらいだろう。

こうして横川〜軽井沢間のアプト式鉄道は1891（明治24）年6月に着工、1893（明治26）年4月1日に開業する。最大定数6両の客車または貨車の横川方に3900形など、ドイツから輸入の専用蒸気機関車が付き、下り（長野方面行き）列車は後方から推進、上りは先頭に付いてブレーキと歯車により、坂から車両が滑り落ちるのを防ぐ役目をした。要は片勾配の峠区間を、いかにして列車を安全に移動させるのかが目的であるため、最高速度は10km/h以内に抑えられ、同区間11.3㎞の所要時間は下りが78分、上りは80分を要した。

ともあれ、同日からは300㎞に近い上野〜直江津間の鉄道旅が可能になり、途中日本鉄道と官設鉄道の境界に当たる高崎での乗換えがあるものの、下り最速列車は12時間以内で結ぶ。当時の機関車の性能や、高崎以北の線路条件からは精一杯の運転だった。

直江津から18年遅れで県都新潟に鉄道開通

官民による上野〜直江津間開業は、わが国の鉄道にあっては画期的なプロジェクト完成の一つだったが、同じ新潟県でも鉄道の姿すらない県都新潟や長岡など下越・中越地方の人々にとっては、県勢を左右しかねないような出来事であり、愉快なことではなかった。

もっとも、新潟県都を中心とした地域で鉄道導入を望む声はそれ以前から上がっており、日本鉄道が高崎への鉄道を建設中の1882（明治15）年に、下越・中越地方の有志が現在の上越線に近いルートでの高崎〜新潟間延長線を企画・立案したほか、鉄道敷設法公布後の1894（明治27）年には、新潟県南魚沼郡の有志が上越鉄道会社を立ち上げ、仮免許を得て実

地調査したが、何れも急峻な山岳地帯のため計画を断念するなど、日の目をみることはなかった。

それとは別に、直江津線建設時には上田方向とは別に新潟方向への鉄道も、官設鉄道が無理ならば私鉄として建設する旨の請願書が出されるが、これも鉄道局が1884（明治17）年7月に、中山道線より新潟に至る鉄道は官設とする方針を下したため、地元としては政府の建設決定を待つしかなかった。この直江津〜新潟間鉄道は、前橋〜新潟間や富山〜新潟間とともに、1891（明治25）年6月に公布された鉄道敷設法で予定鉄道路線として掲げられる。しかし、高崎〜直江津間が全通した1893（明治26）年4月になっても、建設の動きはなかった。

こうした政府の対応にいら立ちを隠せなかった地元有志は、鉄道敷設法には「予定線中未着工のもので、私設鉄道会社から敷設の請願があった場合は、国会の承認を得て許可し得る」の条文があることに目を付け、1893（明治26）年4月に東京在住の渋沢栄一を発起人代表として、北越鉄道会社を創設。直江津〜新発田間と新津〜沼垂間の建設免許を取得する。そして、直江津と沼垂の両方向から工事を進め、1898（明治31）年12月27日の北条〜長岡間開業により、春日新田〜沼垂間が全通する。

春日新田が起点とされたのは、関川左岸の直江津駅が移転予定だったため、右岸に仮駅として設けたのが理由である。そのため、官設鉄道と北越鉄道とは橋を介した徒歩連絡となるが、全通後の1899（明治32）年9月に直江津駅が新築されたため、春日新田駅は統合される形で廃止された。これにより、東京と本州日本海側最大の都市である新潟とが、実質的に鉄道で結ばれる。そして1903（明治36）年8月11日には、途中高崎や直江津での乗換えがあるものの、上野〜沼垂間を日着で結ぶ列車が運転され、速い方の下りは同区間を16時間33分で結ぶ。日鉄と官鉄との直通運転は一部で実施されていたものの、民官民の3鉄道にまたがる列車となると難しかった。

また、終点が新潟ではなく沼垂とされたのは、幹線系私鉄でも中小の部類の北越鉄道は、資金難で当時の新潟市内の乗入れることができなかったからだ、といわれる。そういえば駅名が新潟でなく、中蒲原郡の町名を名乗ったのもなるほどと頷ける。

だが、沼垂駅は新潟市とは信濃川を挟んで右岸に位置するため、左岸の新潟市からの利用が不便で、何かと問題が多かった。そこで、線路を延長し、右岸ながら新潟市民も利用しやすい万代橋付近に新潟駅を設けるが、開業は1904（明治37）年5月3日にまでずれこんだ。1890（明治23）年から1900（明治33）年にかけては、鉄道の新規路線が多数開業していたこともあり、新潟は道府県都駅としては40番目の開業となる。当時、北陸線も富山まで開業しており、本州日本海側の鉄道も、珍しい存在ではなくなっていた。

日本鉄道と北越鉄道の国有化

こうして、何かと紆余曲折がありながらも新潟駅が開業するが、その少し前の1904（明治37）年2月10日に日露戦争が開戦。上野〜高崎〜直江津〜沼垂（新潟）間では、兵員輸送対応の非常運行ダイヤが設定される。列車増発とは裏腹に、全区間を旅行するには境界駅での乗換えに加え、輸送力が不足する碓氷峠区間では2列車に分割運転になるため、場合によっては横川や軽井沢での待機を余儀なくされた。

戦局は日本有利の中で進み、1905（明治38）年5月頃には落ち着きを見せ始めたこともあり、同年8月1日からは官鉄と民鉄の協定で、上野〜新潟間での直通列車1往復が運転される。昼行運転で全長430.5kmを速い方の下りは15時間40分で結んだ。非常運行ダイヤの反省とはいえ、3鉄道直通列車の設定は画期的なものだった。

日露戦争は9月5日の講和条約調印により終決するが、政府は軍部の強い意向もあって、1906（明治39）年3月31日に、幹線系私鉄の国有化を目的とする鉄道国有法を公布。日本鉄道・北越鉄道など17社の買収を指定する。これにより、日本鉄道は同年11月1日、北越鉄道は1907（明治40）年8月1日に国有化され、10月には対象全社の買収が完了する。

国有化により、各私鉄独自のサービスは失われるが、旧官鉄と旧私鉄との直通運転は、簡単な手続きで実現するほか、旧私鉄で会社によってマチマチだった各種賃率も全国一律となり、遠距離低減も実施された。そのため、3鉄道乗継ぎ時代では4円43銭だった上野〜新潟間の3等運賃は、3円01銭に値下げになるなど、利用客にはプラス面も多かった。

鉄道国有化2年後の1909（明治42）年10月には、それまで日鉄前橋線や官鉄直江津線といったように、通称で呼ばれてきた鉄道路線に、線路名称が定められ、上野〜青森間は東北本線、大宮〜高崎間は高崎線、高崎〜新潟間には信越線が命名される。なお、

信越線は1914（大正3）年6月1日に信越本線に改称された。

横川〜軽井沢間の電化と岩越線全通

　上野〜新潟間は、国有化による運賃値下げで利用しやすくなったのか、利用客が増加する。そして夜行列車の新設や増発で、1911（明治44）年5月には直通列車が昼行1・夜行2の3往復体制になる。

　ところで信越線の横川〜軽井沢間では開業以来、アプト式による蒸気運転が実施されていたが、年々増加の一途をたどる輸送量に対処するため、1902（明治35）年頃からは、列車編成の中間に蒸機1両を挟む運転形態に変更される。下り客車列車の場合は、←客車数両＋蒸機＋客車数両＋蒸機の姿で66.7‰勾配に挑むわけである。

　しかし、この区間には26ヶ所ものトンネルがあるため、トンネル内での排煙と高熱は機関士にとっては、死につながりかねない危険性があった。そこで1911（明治44）年10月に電化工事が完成し、入念な試運転ののち1912（明治45）年5月11日から、旅客列車の電気運転が開始される。国鉄幹線の電気機関車による運転はこれが初めてで、横川〜軽井沢間の下り所要時間は77分から43分に短縮された。

　翌1913（大正2）年4月1日、北陸本線米原〜直江津間が全通。信越本線は従来の東京〜長野〜新潟間のほか、東京〜北陸や関西〜北越間を結ぶ幹線としての使命を併せ持つ。当然ながら、それらの系統の列車も運転されるが、その詳細については別の機会に譲りたい。

　さらに、北越地方への鉄道進出は北陸本線だけにとどまらず、1914（大正3）年11月1日には岩越線郡山〜新津間と、羽越線の上り方区間である新津〜村上間が村上線の名称で全通する。岩越線は全部、村上線は一部列車が新潟へ直通するため、信越本線新津〜新潟間は列車本数が密状態になるとともに、新津は直江津と並ぶ新潟県交通の要所となる。

　岩越線の全通で上野〜新潟間を、高崎・信越線経由よりも短い416.5kmで結ぶバイパスルートができたことは、前年の北陸本線全通に伴う列車本数増で、横川〜軽井沢間の線路容量が逼迫していた信越本線にとっては幸いで、同日には上野〜新潟間を東北・岩越線経由で結ぶ列車が昼・夜行各1往復ずつ運転される。到達時分は12時間47分〜14時間35分で、高崎・信越線経由より若干短かったが、列車本

数が目いっぱいの東北本線上野〜郡山間を走行するため、設定はこれが精一杯だった。

　1917（大正6）年10月10日、平郡東線小川郷〜平郡西線小野新町間開業により、平〜新津間の東北南部横断ルートが全通したことにより、磐越線を形成。平〜郡山間は磐越東線、郡山〜新津間は磐越西線に改称された。

上野〜新潟間に急行列車新設

　ところで、高崎・信越線は幹線ルートであるにかかわらず、急行の設定がなかったが、1915（大正4）年3月25日になって、上野〜新潟間夜行普通列車が急行101・102レに格上げされる。時刻については別掲の時刻表―①に記載するように、上下とも14時間台の到達となるが、急行料金の徴収や乗車区間の制限がないばかりか、停車駅数も多いため、小駅を通過するだけの快速列車といった感じだった。

　それでも「急行」の種別を名乗ったのは、スピードアップもあるが、同日の改正では信越本線の長距離列車は上野〜北陸間が優先され、上野〜新潟間直通は3往復から1往復に減便されたため、利用客からの反発を抑えるための措置だったように思われる。しかし、それでも夜行普通列車の乗車機会がなくなった小駅からは、不満の声が多かったのか、同年11月には多客期の臨時列車として夜行普通が復活。1917（大正6）年3月には定期列車にカムバックしている。「鈍行」といった種別や言葉はなく、普通列車は「普通の列車」として、沿線の利用客から親しまれ、重要な地位を有していた時代だった。

　鉄道国有化当時から大正期にかけての急行には、急行料金を徴収する列車とそうでない列車とがあり、前者は東海道・山陽・鹿児島・長崎・東北・常磐・函館といったエリート路線だけで運転されていた。しかし、各地から有料急行設定の要望が強まっていることで、1922（大正11）年3月15日改正では、北陸・信越・奥羽の各線でも運転される。信越本線関係は上野〜新潟間101・102レと上野〜金沢間773・772レの2往復で、料金を徴収する優等列車にふさわしく、2等寝台車連結のほか途中停車駅精選によるスピードアップが実施される。時刻表―①には羽越線新津〜秋田間が全通し、米原〜青森間の日本海縦貫線が形成された1924（大正13）年7月31日改正での時刻を示す。列車番号の一部に変更があるが、時刻は1922年3月改正のものと略同一である。急行は両

列車とも夜行であるため、両区間では夜行普通列車も設定され、利用客へのフォローがなされた。なお、羽越線は1925（大正14）年11月20日に羽越本線に格上げされた。

　時代は少し下り、東海道本線に特急「燕」が新設された1930（昭和5）年10月1日改正での、上野〜新潟間急行301・302レと上野〜金沢間急行601・602レの時刻を掲げる。この改正では上野〜高崎間の複線化がほぼ完成を迎えるが、両列車の時刻そのものは前年の1929（昭和4）年9月25日改正とさほど変わ

らず、高崎線複線化の効果が反映されているとはいえなかった。当時における301・302レの牽引機は上野〜高崎間がC51、高崎〜横川間と軽井沢〜直江津間は9600、アプト式の横川〜軽井沢間はEC40とED41、直江津〜新潟間は8620だった。

　信越本線の直江津〜新潟間を除く未電化区間は1960年代までD51とともにD50の活躍が見られたが、D50が入線するのは1935（昭和10）年以後のことである。

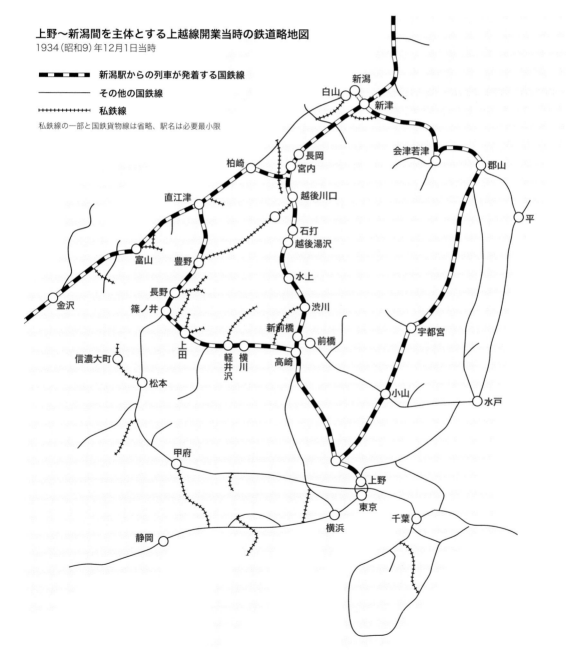

上野〜新潟間を主体とする上越線開業当時の鉄道略地図
1934（昭和9）年12月1日当時

新潟駅からの列車が発着する国鉄線
その他の国鉄線
私鉄線
私鉄線の一部と国鉄貨物線は省略、駅名は必要最小限

02 客車時代の上越線優等列車

清水トンネル完成により上越線全通

前述のように、高崎〜新潟間をダイレクトに結ぶ上越鉄道の建設は、中越・下越地方の人々にとっては、鉄道創成期からの夢だったが、上越国境の峻嶮に阻まれ計画倒れに終わっていた。

しかし、鉄道建設に関する熱心な請願運動が引き続き行われたことや、大正期になるとトンネル掘削技術の発展で10km前後の長大トンネルの建設も不可能ではなくなったこともあり、政府は1918（大正7）年に「高崎から長岡に至る鉄道」、すなわち上越線の敷設を決定する。当時主要幹線に成長していた信越本線の碓氷峠区間が、電化後も輸送上でのネック状態が続くことや、同年には東海道本線の丹那トンネルが着工されたことも、追い風となったことは記すまでもなかった。

上越線は、高崎から両毛線をそのまま北東方向に進み、新設駅の新前橋で左に分岐。利根川に沿って北上し、上越国境の谷川岳（茂倉岳）をわが国最長となる延長9702mの清水トンネルで抜け、魚野川と信濃川沿いに石打、小出、小千谷を経て、信越本線の宮内に合流するルートとされる。線路等級は乙線で、最急勾配10パーミル、最小曲線半径400mの基準を適用。実質的な起終点となる高崎〜長岡間の距離は165.6kmとなり、従来の長野・直江津経由を98.2kmも短縮するので、現在風には"上越新幹線"と呼称しても不思議でないような、新線である。

しかし、上越線は有数の山岳路線であることには変わりなく、しかも清水トンネルの難工事が予想される中を、1918（大正7）年から工期8ヵ年での全線開業を目指したため、工区を清水トンネル境に上越南線と上越北線に二分し、新前橋・宮内の両方向からトンネル部分に向かう形で建設工事が開始される。そして、1921（大正10）年中に、南線側は新前橋〜渋川間、北線側は宮内〜越後川口間が開業する。

清水トンネルについては上越南・北線の延伸を待って着工していては、工期が遅れるため、両線工事の進行とは別に、測量の終了を待って群馬県側（土

合口）は1922（大正11）年8月、新潟県側（土樽口）は1923（大正12）年10月に建設工事が開始される。だが、谷川岳周辺は豪雪地帯のうえに人口希薄な土地であるため、浦佐〜湯沢間を除いては自動車が通行できる道路がなかった。

そのため資材運搬には、南線側の渋川〜沼田間は既設の利根軌道（軌間762mmの電気軌道）を利用、同沼田〜土合間と北線側の越後湯沢〜土樽間には、物資運搬と関係者輸送用の軽便鉄道が建設された。

清水トンネルを含む水上〜越後湯沢間に限っては、最急勾配は20‰（一部区間は25‰）が許容されるが、トンネルの延長を10km未満に抑えるには、可能な限り出入口の標高を高くする必要があった。そのため、高度を稼ぐ関係上、南線の湯檜曽と北線の松川（土樽〜越後中里間）には大規模なループ線が設けられた。清水トンネル工事は度々の湧水に遭い48名にのぼる殉職者を出すなど苦闘するが、多数の土木用機械類の投入が功を奏し、1929（昭和4）年12月に貫通。1931（昭和6）年9月1日には上越南線水上〜上越北線越後湯沢間が開通し、ここに上越線新前橋〜宮内間が全通。同時に水上〜石打間の電化工事も完成する。

上越線は東京と新潟とを直結するレッキとした幹線で、越後川口から分岐する十日町線を支線に有しながらも、"上越本線"の線路名称が与えられなかったのは、上り方が両毛線の新前橋から分岐するのが理由である。つまり、両毛線など旧日本鉄道グループの路線は、東北本線だけを本線とし、常磐線を含む分岐路線のすべてを支線としているため、"支線の支線"の形態になる上越線は、生粋の国鉄路線ながら最初から本線になれなかったのである。では、高崎から分岐する信越本線はといえば、こちらは官民並立の明治期から官設鉄道だった経緯で、鉄道国有化後多少の時間がかかるが、本線となり得たのだ。

日本海側地方の交通体系を一変させた上越線

上越線の全通は東京〜新潟間の距離を100km近く

11

短縮するだけでなく、清水トンネル付近では重量の大きい貨物列車や、長大編成の旅客列車も電気機関車の重連運転で、さほどスピードを落とすことなく走れるため、大幅なスピードアップと輸送力向上をもたらした。

この"上越線効果"は、東京〜新潟間だけにとどまらず、新津以北の日本海側地域にも恩恵をもたらす。従来は東北本線小牛田から陸羽東・西線経由がメインルートだった東京〜庄内地方間はもとより、東京〜秋田間も起終点間に関しては、距離がやや短いものの峠路が連続する奥羽本線経由よりも、上越・羽越本線経由の方が到達時分の上で優位になる。要は上越線全通で、中部並びに東北地方における運輸体系は大変革がもたらされたのである。

上越線開業に伴うダイヤ改正は、1931（昭和6）年9月1日の開業当日に実施され、上野〜新潟間では従前の信越本線夜行急行301・302レは廃止。替わって、この改正での目玉商品というべき、上野〜秋田・新潟間を昼行で結ぶ急行701・702レが新設される。下り到達時分は上野〜秋田間で11時間55分、同〜新潟間で7時間10分となり、前者は同区間を奥羽本線経由で結ぶ夜行急行401レ（上野発21:55→秋田着11:49）よりも約2時間速く、後者は改正前の信越本線急行301レの所要を約4時間も短縮する。特に701レでは、従来の昼行列車では日着がやっとだった上野〜新潟間を無理のない時間帯に走り、季節によっては到着後も市内観光ができるので、画期的なダイヤといえた。

しかし、この701・702レは食堂車が秋田編成に連結されるなど、上野〜庄内〜秋田間輸送を主目的とした列車で、編成は秋田行きが5両、新潟行きが2両だけだったといわれる。これだけでは、せっかくの上越線全通も新潟には恩恵がないようだが、上野〜新潟間には普通列車が昼・夜行とも2往復新設され、昼行は最速8時間45分で結ぶ。また夜行も10時間前後の所要となり、うち1往復は2等寝台車を連結する秋田行きとの併結で、上越線内が快速運転とされる。上野〜新潟間では普通列車でも、改正前の信越本線急行よりも速く到達でき、しかも距離の大幅短縮分は、その分運賃の値下げになるのだから良いとこずくめで、新潟では盆と正月が一度にやってきたような騒ぎだった。

上越線全通当時の急行701・702レの牽引機は、上野〜水上間と石打〜新潟間がC51、水上〜石打間はED16（のちEF51に変更）になる。客車は鋼製車も登場していたが、当時の絵葉書などの資料を見る限りでは、編成中に木造車も入っていたようだ。

せっかくの急行も戦局悪化に伴い廃止

1934（昭和9）年12月1日、国鉄では東海道本線丹那トンネル開通などに合わせ、全国的なダイヤ改正が実施される。上越線とその関連線区は、1931（昭和6）年9月の開業時ダイヤが精度の高いものだったため、列車配列の変更はなかった。しかし、上野〜秋田・新潟間急行701・702レは上野〜新潟間旅客の利用が好調であるものの、新津〜秋田間は北上につれて旅客数が減る片道輸送の形態を示すことから、この改正で新潟編成を食堂車連結の親列車とし、秋田編成の羽越本線内は快速に格下げして、区間旅客への便宜が図られる。羽越沿線では、「準急」と呼ばれ、実際に停車駅などではそうした案内がなされていたようだが、当時市販の『時間表』には「準急」の記載はなく、料金不要のサービス列車であるため、表記を快速に統一させていただく。

ところで1934（昭和9）年からの数年間は、国鉄にとって機関車はC55〜C58、D51、EF10、EF11、EF55、EF56、客車はスハ32系丸形屋根車や広窓のオハ35系、それに優等列車用ではないが、電車や気動車も、流線形を含む新鋭形式が登場するなど活気に満ちており、のちに鉄道ファンの間からは「戦前の鉄道黄金時代」と呼ばれた。

そうした中で1937（昭和12）年7月1日改正が実施されるが、その1週間後に中国の盧溝橋で勃発した日中両軍の武力衝突は、やがて終わりの見えない日中戦争へと発展する。そうなると、国鉄も軍事列車運転用のスジを確保する必要上、行楽目的の快速を中心に削減が可能な列車を「不要不急列車」に指定し、11月15日に運転を休止する。その中に701・702レに併結の新津〜秋田間快速も含まれていた。

1938（昭和13）年4月1日、長期化する戦争遂行のため、国家総動員法が公布され、わが国は戦時体制に突入するが、それとは裏腹に、国内は軍需産業を中心に経済活動が活発だったため、ビジネス客や大陸往来旅客が増加。1939（昭和14）年2月15日には701・702レの秋田編成も運転を再開する。

1940（昭和15）年10月1日改正はそうした背景の中で実施され、上記目的の急行列車や通勤列車が増発で、優等列車本数は戦前でのピークを迎える。上

越線急行では701・702レが再び秋田編成の併結を取り止め、上野～新潟間の単独運転になると同時に、下りの同区間到達時分も6時間35分になり、表定速度は50.5km/hに向上する。ヤマ線区間の急行としてはかなりの高速運転だが、こうしたスピードアップを急いだのは、701レを新潟と当時日本の統治下にあった、朝鮮の清津を結ぶ航路に連絡するのが理由だった。ちなみに702レは航路との乗換え時間に十分過ぎる余裕があるせいか、従前と変わらぬスピードだった。

この改正の時刻表では、信越線経由列車として上野～大阪間急行601・602レの姿が見える。1年前の1939（昭和14）年11月15日に、従前の上野～金沢間急行を大阪へ延長した列車で、金沢を境に大阪方は昼行、上野方は夜行と異なった使命を持つ列車であり、特に夜行区間は混雑するのか、上野～金沢間には不定期急行の1601・1602レも設定されていた。

アプト区間がネックの信越本線高崎～直江津間も、上野～長野～北陸間の幹線として相変わらず重要な使命を保っていた。

しかし、日中戦争は解決の糸口さえつかめぬ中、日本は中国問題をめぐって対立を深めていた、アメリカ・イギリスなどと外交関係が破綻し、ついに1941（昭和16）年12月8日に太平洋戦争が開戦する。戦局は当初、日本が優勢のうちに展開するが、1942（昭和17）年6月のミッドウェー海戦敗退後は、一転して悪化の一途をたどる。そして、臨戦ダイヤ実施で、優等列車の本格的削減が開始された1943（昭和18）年2月15日改正では。701・702レと1601・1602レが廃止される。

これらの列車が早期に廃止されたのは、海上輸送のひっ迫で、日本海縦貫線や上越・高崎線のルートの旅客列車を削減し、貨物列車増発用に充てるのが狙いだった。しかし、戦局はその後も好転せず、上

時刻表―①　東京（上野）―新潟・金沢・秋田間急行列車時刻の変遷(1)

	1915.3.25	1924年7月31日		1930年10月1日		1931年9月1日		1934年12月1日		1940年10月10日			1942年11月15日		
列車番号	101	771	101	601	301	701	601	701	601	701	1601	601	701	1601	601
種別	急行	急行	急行	急行	急行	急行	急行	急行	急行	急行	急行	急行	急行	急行	急行
連結車種	ロネ	ロネ	ロネ	ロネ	シ	ロネ	シ	ロネ・ハネ	シ	ロネ	ロネ・ハネ	シ	ロネ	ロネ・ハネ	シ
上野　発	21 40	19 00	20 30	19 25	21 15	9 00	20 50	9 00	20 55	8 00	20 30	21 00	8 00	20 25	21 00
高崎	0 17	21 31	23 03	21 30	23 30	10 57	22 49	10 55	22 49	9 44	22 21	22 49	9 44	22 09	22 49
長野　着	4 32	1 43	2 54	1 19▽	3 10▽	∥	2 23▽	∥	2 20	∥	1 34	2 20	∥	1 34	2 20
直江津　着	7 12	3 50	5 10	3 23	5 12	∥	4 08	∥	4 14	∥	3 32	4 14	∥	3 32	4 14
長岡　発	…	∥	7 05	∥	6 57	14 48	∥	14 48	∥	13 15	∥	∥	13 15	∥	∥
新津　着	…	∥	8 09	∥	7 55	15 50▽	∥	15 43	∥	14 09	∥	∥	14 09	∥	∥
新潟	11 40	∥	8 35	∥	8 21	16 10	∥	16 10	∥	14 35	∥	∥	14 35	∥	∥
羽越方面						秋田		秋田							
終着						20 55		21 06							
北陸方面		金沢		金沢			金沢		金沢		金沢	大阪		金沢	大阪
終着		8 35		7 40			8 00		8 10		7 25	13 50		7 25	13 51
備考	料金不要					上野―新津間併結		上野―新津間併結			不定期			不定期	
列車番号	102	102	772	602	302	702	602	702	602	702	1602	602	702	1602	602
種別	急行	急行	急行	急行	急行	急行	急行	急行	急行	急行	急行	急行	急行	急行	急行
列車名															
連結車種	ロネ	ロネ	ロネ	ロネ	シ	ロネ	シ	ロネ・ハネ	シ	ロネ	ロネ・ハネ	シ	ロネ	ロネ・ハネ	シ
羽越方面						秋田		秋田							
始発						8 35		8 20							
北陸方面		金沢		金沢			金沢		金沢		金沢	大阪		金沢	大阪
始発		19 30		18 20			19 15		19 15		19 17	14 00		19 16	14 00
新潟　発	16 40	18 00	∥	∥	21 30	13 15	∥	13 15	∥	13 05	∥	∥	13 05	∥	∥
新津	…	18 28	∥	∥	21 57	13 43	∥	13 43	∥	13 30	∥	∥	13 30	∥	∥
長岡	…	∥	19 38	∥	23 00	14 44	∥	14 44	∥	14 34	∥	∥	14 34	∥	∥
直江津	20 51	21 35	23 52	22 37	0 40	∥	23 07	∥	23 07	∥	23 06	23 58	∥	23 06	23 58
長野	23 53	0 06	2 30	0 58	3 12	∥	1 11	∥	1 12	∥	1 16	2 05	∥	1 16	2 05
高崎	4 38	4 25	6 48	4 56	7 07	18 45	5 09	18 47	5 18	18 33	5 18	5 53	18 34	5 16	5 54
上野　着	7 00	7 00	9 15	6 40	9 00	20 30	6 55	20 30	7 00	20 18	7 10	7 36	20 24	7 09	7 40
備考	料金不要					新津―上野間併結		新津―上野間併結			不定期			不定期	

標記区間を走行する定期列車を原則として表示。上越線は1931.9.1に開通。　▽は発時刻　…は発または着時刻不詳
連結車種欄　ロネ＝2等寝台車　ハネ＝3等寝台車　シ＝食堂車　　記入なき列車は2等車と3等車で組成
『鉄道省編纂 汽車時間表』並びに『鉄道ピクトリアル』1989年11月号、1990年3月号により作成

信越線で最後まで急行のまま残った上野〜大阪間601・602レも、1944（昭和19）年4月1日改正で姿を消す。この改正では国鉄旅客列車から1等車、寝台車・食堂車といった優等車両が連結を外され、残る車両も保守要員不足のため整備が行き届かぬ状態で、アメリカ空軍による爆撃の危険にさらされながら運転を続けた。

ここまでの本稿優等列車の変遷を時刻表―①にまとめて示す。

戦後は全国に先駆け
上野〜新潟間で急行復活

1945（昭和20）年8月15日、第二次世界大戦は日本の無条件降伏終結により終決する。日本は連合国軍の間接統治下に置かれ、国鉄をはじめとする鉄道も連合国軍が管理する。

しかし、日本が敗戦の屈辱を受けても、国民の生活がある限り、鉄道は通勤・通学や買い出し、それに外地からの引上げや復員輸送に、1日たりとも休む暇は与えられなかった。だから、日本の産業のうち最も立ち直りが早かったのは鉄道といえよう。

敗戦による世相の混乱の中、1945（昭和20）年11月20日に戦後としては初のダイヤ改正が実施され、上野〜新潟間急行709・710レが運転を開始する。昼行運転なので、戦前の701・702レの復活といえるが、この改正での定期急行の本数は全国でも7往復だけだった。上越線の急行復活が早かったのは、高崎線を含む沿線の熊谷、高崎、前橋、長岡の各市が空襲を受けながらも、鉄道施設への損害が少なかったのが幸いしたと思われる。そのため、701・702レは東京〜新潟間を、戦前とさほど変わらない7時間台で結んだ。

しかし、せっかく復活した急行や、1946（昭和21）年11月10日に優等列車の種別として新設された準急行列車（準急）も、1945年の冬から深刻化した石炭不足の影響で運転がままならず、1947（昭和22）年1月4日までに廃止される。特に同日から4月23日までの3ヶ月間は、国鉄線上からすべての優等列車と2等車が姿を消す"悪魔の110日間"になるが、この事実が鉄道関係の書籍・雑誌で報じられるのは、終戦から20年以上を経た1970年代になってからのことだった。

この間、上越線では1947（昭和22）年4月1日に高崎〜水上間電化が完成する。石炭不足による列車運休を極力避けるのが目的で、中間に清水トンネルを含む電化区間を持つ上越線が、モデル区間に選ばれたわけである。

そして、石炭事情が好転した同年6月29日には上越線急行として夜行の605・606レが運転される。この列車は上野〜金沢・新潟間の運転で、長岡までが併結になるが、上越線経由で日本海側の西へ行く列車は、もちろん初めての設定である。上越線経由での高崎〜直江津間の距離は、順路の信越本線経由より47.8km長いが、電気機関車の重連では長大編成も可能なので、アプト式での定数制限を受ける信越本線に替わって選ばれたのである。上越線は同年10月に石打〜長岡間が電化され、幹線の列車区間としては初の全線電化が完成する。当時の東海道本線の電化区間は戦前の東京〜沼津間のままだったので、快挙といえた。

上越線の電気機関車は、当初はED16と輸入機のEF51だが、輸送力増強のため1940（昭和15）年にEF10が入り、大戦末期の1944（昭和19）年から1945（昭和20）年にかけては、貨物輸送増強のため出力をアップしたEF12とEF13に置き換えられる。そして、全線電化の1947（昭和22）年には、新製のEF15が投入される。全線が勾配区間のため、スピードよりも牽引力を優先した電機で、EF51を除き入線当時は最優秀の貨物機揃いだった。

1948（昭和23）年7月1日改正では、金沢夜行は601・602レに改番のうえ上越線経由のまま、全区間単独運転になる。そこで、併結を解かれた新潟夜行は、上越線本来の列車番号である701・702レを名乗るが、新潟行きだけでは余力があるのか、秋田編成を不定期列車として併結する。これにより、上越線急行は2往復体制になるが、何れも夜行で、沿線からは昼行の復活を願う声が強いこともあり、1949（昭和24）年9月15日改正では、急行2701・2702レが、毎日運転の不定期列車で上野〜新潟間に登場する。下りの所要は6時間台に戻り、上下のトータルでは戦前の速度を上回った。もちろん、上越線全線電化の賜物だが、未電化区間が残る起終点部分ではC57が牽引した。なお、同区間の夜行急行701・702レは、準急に格下げされ、列車番号も703・704レになり、秋田編成は同列車に接続する新津始終着の不定期準急として再出発を果たす。ともあれ、上越線優等列車は3往復体制になったことで、以後における運転の

東京〜新潟間鉄道略年表(1872年〜1945年8月)

西暦(和暦)	月日	おもな出来事(★は参考事項)
1872(明治5)	9.12	★(太陽暦10.14)日本最初の鉄道が新橋〜横浜間に開業
1881(明治14)	11.11	日本最初の私設鉄道である日本鉄道設立
1884(明治17)	5.1	日本鉄道上野〜高崎間開業
	8.20	日本鉄道高崎〜前橋(仮)間開業
1885(明治18)	10.15	官設鉄道高崎〜横川間開業。松井田駅にわが国初のスイッチバックの配線を採用
1886(明治19)	7.19	東西幹線を中山道案に替わり、東海道案を採用。11月に横浜〜熱田間を起工
	8.15	官設鉄道直江津〜関山間開業
1888(明治21)	5.1	官設鉄道関山〜長野間開業
	12.1	官設鉄道上田〜軽井沢間開業により、直江津〜軽井沢間全通
1889(明治22)	7.1	★官設鉄道東海道線新橋〜神戸間全通
1891(明治24)	9.1	★日本鉄道上野〜青森間開業
1893(明治26)	4.1	官設鉄道横川〜軽井沢間アプト式鉄道で開業により、高崎〜直江津間全通。上野からも鉄道がつながる。
1894(明治27)	…	新潟〜高崎間を短絡する鉄道の必要性を痛感する。新潟県南魚沼郡の有志らが上越鉄道会社を創設(1899.解散)
1897(明治30)	5.13	北越鉄道春日新田(現廃止)〜鉢崎(現米山)間開業
	8.1	北越鉄道鉢崎〜柏崎間開業
	11.20	北越鉄道柏崎〜北条間、沼垂(のち沼垂貨物駅)〜一ノ木戸(現東三条)間開業
1898(明治31)	6.16	北越鉄道一ノ木戸〜長岡間開業
	7.26	岩越鉄道郡山〜中山宿間開業
	12.27	北越鉄道北条〜長岡間開業により、春日新田〜沼垂間全通
1899(明治32)	7.15	岩越鉄道山潟(現上戸)〜若松(現会津若松)間開業により、郡山〜若松間全通
	9.5	北越鉄道直江津〜春日新田間開業。直江津で官鉄線に接続
1904(明治37)	1.20	岩越鉄道若松〜喜多方間開業
	5.3	北越鉄道沼垂〜新潟間開業により、直江津〜新潟間全通
1905(明治38)	8.1	日本鉄道〜官設鉄道〜北越鉄道により、上野〜新潟間直通普通列車運転
1906(明治39)	3.31	幹線系私鉄の買収を指定した鉄道国有法公布
	11.1	日本鉄道と岩越鉄道が国有化される。これにより、上野〜高崎・前橋間と郡山〜喜多方間が国有鉄道になる。
1907(明治40)	8.1	北越鉄道が国有化される。これにより直江津〜新潟間が国有鉄道になる
1909(明治42)	10.12	線路名称を定め呼称を統一。これに伴い上野〜大宮間が東北本線、以下大宮〜高崎間が高崎線、高崎〜前橋〜小山間が両毛線、高崎〜直江津〜新潟間が信越線、郡山〜喜多方間は岩越線を命名される。
1910(明治43)	10.25	岩越線新津〜馬下間開業
	12.15	岩越線喜多方〜山都間開業
1912(明治45)	5.11	信越線横川〜軽井沢間電化。電気機関車併用開始
1913(大正2)	4.1	★北陸本線米原〜直江津間全通
1914(大正3)	6.1	信越線を信越本線に改称
	11.1	岩越線野沢〜津川間開業により、岩越線郡山〜新津間全通。上野〜新潟間に同線経由の直通列車昼行・夜行各1往復運転
	…	★東京駅開業。東海道本線の起点となる。
1915(大正4)	3.25	上野〜新潟間に急行(信越本線経由夜行、料金不要)101・102レ運転。4.1から1等寝台車連結
1917(大正6)	10.10	岩越線を磐越西線に改称
	…	鉄道敷設法に高崎〜長岡間を予定線として追加 ?
1919(大正8)	10.1	★東海道など主要幹線の急行や長距離列車の一部を除き1等車の連結廃止
1920(大正9)	11.1	上越北線宮内〜東小千谷(現小千谷)間開業
1921(大正10)	7.1	上越南線新前橋〜渋川間開業
	8.5	上越北線東小千谷〜越後川口間開業
1922(大正11)	3.15	上野〜新潟間に急行101・102レ運転。急行料金を徴収。2等寝台車連結
	8.1	上越北線越後川口〜越後堀之内間開業
1923(大正12)	9.1	上越北線越後堀之内〜浦佐間開業
	11.18	上越北線浦佐〜塩沢間開業
1924(大正13)	3.31	上越南線渋川〜沼田間開業
	7.31	★羽越線新津〜秋田間全通により、米原〜青森間の日本海縦貫線形成
1925(大正14)	11.1	上越北線塩沢〜越後湯沢間開業で、宮内〜越後湯沢間全通
		東北本線東京〜上野間開業により、東北本線の起点を東京に変更
	11.20	★羽越線を羽越本線に改称
1926(大正15)	11.20	上越南線沼田〜後閑間開業
1928(昭和3)	10.30	上越南線後閑〜水上間開業で、新前橋〜水上間全通
1931(昭和6)	9.1	上越南線水上〜上越北線越後湯沢間開業で、新前橋〜宮内間全通を機に線路名称を上越線に改称。清水トンネルを含む水上〜石打間を電化。上野〜秋田・新潟間に上越線経由の急行701・702レ(昼行)を新設。
1932(昭和7)	9.1	東北・京浜線大宮まで電車運転延長
1937(昭和12)	7.7	★盧溝橋事件勃発。以後日中戦争拡大で日本は戦時体制に入る
1941(昭和16)	12.8	★太平洋戦争開戦
1943(昭和18)	2.15	上野〜新潟間急行を廃止
1945(昭和20)	8.15	第二次世界大戦終結に伴い、運輸省に復興運輸本部を設置

本文を補足する資料として制度や線路の変更、著名列車の動向など必要最小限を記載

新津駅停車中の上り急行「越路」。1961年初頭の信越本線長岡〜新潟間は未電化だったことで、「越路」の同区間はC57形蒸気機関車の牽引だった。架線の張られていない駅は広々した感じだ。
◎704レ　新潟発上野行き急行「越路」C57牽引　43系客車8連　1961.2.28　新津　撮影：林 嶢

基本パターンが確立された。

昼行急行701・702レに「越路」命名

　敗戦から5年が経ち、国内も落ち着きを取り戻すとともに、朝鮮戦争による特需で国力も復興の兆しが見え始めた1950（昭和25）年10月1日、戦後としては初の全国規模のダイヤ改正が実施される。この改正で、上越線急行701・702レは定期列車へのカムバックを果たし、夜行では急行601・602レが金沢以西を昼行として大阪に延長。経由路線の違いがあるものの、戦前最盛期のリバイバルとなる。準急703・704レはこの改正から制定された「準急列車の下一桁は

5起番」のルールに則り、705・706レに改番。付属編成は秋田行きに替わり、高崎から信越本線に入る直江津行きになる。

　この改正直後の11月2日、主要幹線を走る急行に列車名が授けられることになり、601・602レには「北陸」が命名される。701・702レも設定区間や実績からは有資格列車のはずだが、なぜか命名は見送られた。なお本稿では、ここまで信越本線高崎〜直江津間を走行する列車や、北陸・秋田方面への列車にも触れてきたが、以後の変遷は本書のタイトルにふさわしく、上野〜新潟相互始終着や、上野〜新潟を上越線経由で走行したのち、白新線経由で羽越本線

急行・越路（1953. 3.15）

← 702レ 上野行き						701レ 新潟行き →
荷物	特別2等	自2等	自3等	自3等	自3等	自3等
	スロ51		スハ43	スハ43	スハ43	スハフ42

準急

← 706レ 上野行き							705レ 新潟行き →	
荷物	自2等・荷物	2等寝台・自2等	自2等	自3等	自3等	自3等	自3等	自3等
	スロニ31	マロネロ37	オロ35	マシ35	スハフ42	スハ43	スハ43	スハ43

に直通する優等列車を中心に解説を行ない、編成図を掲出する。新潟駅に立ち寄らない信越本線列車や上野～北陸・庄内方面直通列車の時刻については、列車の説明を深化・補足する上で、必要最小限の解説と時刻表への掲出は、継続させていただくこととするので、ご了承を願いたい。

ところで、大宮～高崎間の高崎線は戦前の1927（昭和2）年から1930（昭和5）年にかけて複線化工事が竣工していたが、戦後も未電化のままだったため、上越線直通列車の上野～高崎間は、蒸機が牽引していた。しかし、沿線の人口増による輸送力増強のため、1952（昭和27）年4月1日になって、ようやく電化が完成。上野～長岡間の電気運転が可能となったことで、流線形車体のEF58が列車の先頭に立つ。

この高崎線電化に伴う上信越線のダイヤ改正は同年10月1日に実施され、上野～新潟間急行701・702レには北陸道の古称に因み「越路」の列車名が命名され、同時に起終点間の到達時分も6時間にまでスピードアップされる。夜行準急705・706レは信越本線の直江津編成と分離し、上野～新潟間での単独運転となり、編成中に2等寝台・座席合造のマロネロ37が連結される。連合国軍の日本占領の終了に伴い、国鉄に返還された車両だった。

同改正の時刻と編成については、該当年月の『時刻表』が手元にないため、1953（昭和28）年3月15日のものを示す。急行「越路」と準急705・706レの

編成は16ページ下欄の通りである。

1954（昭和29）年10月1日、東日本を主体としたダイヤ改正が実施され、上野～青森間を上越・羽越・奥羽線経由で結ぶ不定期急行「津軽」が登場する。過去、この経路での優等列車は失敗続きのため、不定期列車の形で設定となるが、奥羽本線北部の能代・大館・弘前からは、初の上野行き急行ということで歓迎された。この改正で上越線優等列車は、「越路」上りの時刻が繰り上げと、夜行準急705・706レが709・710レに改番された以外に変更がなかったが、「越路」の編成は上野～金沢間に新設の信越本線昼行急行「白山」と共通運用とされたため、2両の並ロが③号車と⑧号車に分かれて連結される珍編成になる。また、709・710レのマロネロ37は3軸ボギー客車の形式変更により、マロネロ38に形式変更される。この改正での急行「越路」と準急709・710レの編成は本ページ下欄の通り。また1945年11月から、この1954年10月改正までの本稿優等列車の変遷を時刻表―②に示す。

戦前に安い値段で利用できることで、"庶民派の寝台車"として親しまれてきた3等寝台車は、1956（昭和31）年3月から5月にかけて、軽量客車のナハネ10として近代的な外観で一挙に100両が登場。全国各地から待望されてきた車両のため、夜行優等列車に原則として1両連結されることになり、上越線では、急行「北陸」と準急709・710レの編成にも組み込

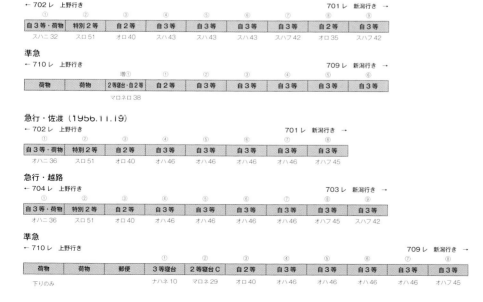

急行・越路（1954.10.1）
← 702レ 上野行き　　　　　　　　　　　　　701レ 新潟行き →

①	②	③	④	⑤	⑥	⑦	⑧	⑨
自3等・荷物	特別2等	自2等	自3等	自3等	自3等	自3等	自2等	自3等
スハニ32	スロ51	オロ40	スハ43	スハ43	スハ43	スハフ42	オロ35	スハフ42

準急
← 710レ 上野行き　　　　　　　　　　　　　709レ 新潟行き →

荷物	荷物	増①	①	②	③	④	⑤	⑥
		2等寝台・自2等	自2等	自3等	自3等	自3等	自3等	自3等
		マロネロ38						

急行・佐渡（1956.11.19）
← 702レ 上野行き　　　　　　　　　　　　　701レ 新潟行き →

①	②	③	④	⑤	⑥	⑦	⑧
自3等・荷物	特別2等	自2等	自3等	自3等	自3等	自3等	自3等
オハニ36	スロ51	オロ40	オハ46	オハ46	オハ46	オハ46	オハフ45

急行・越路
← 704レ 上野行き　　　　　　　　　　　　　703レ 新潟行き →

①	②	③	④	⑤	⑥	⑦	⑧	⑨
自3等・荷物	特別2等	自2等	自3等	自3等	自3等	自3等	自3等	自3等
オハニ36	スロ51	オロ40	オハ46	オハ46	オハ46	オハ46	オハフ45	スハフ42

準急
← 710レ 上野行き　　　　　　　　　　　　　709レ 新潟行き →

荷物	荷物	郵便	①	②	③	④	⑤	⑥	⑦	⑧
			3等寝台	2等寝台C	自2等	自3等	自3等	自3等	自3等	自3等
		下りのみ	ナハネ10	マロネ29	オロ40	オハ46	オハ46	オハ46	オハ46	オハフ45

まれる。

　ナハネ10製造さ中の同年4月15日、白新線新発田
～新潟間が全通。新潟から羽越本線への短絡線とし
ての機能を持つばかりか、信越本線から羽越本線へ
直通する列車も、スイッチバックこそ伴うものの新
潟県都への立ち寄りが可能となる。

上野～新潟間に速達の第2急行「佐渡」登場

　わが国が戦前最盛期以上の生産力を取り戻し、「経
済白書」に記された「もはや戦後ではない」が流行
語となった1956（昭和31）年の11月19日。それを象
徴する出来事として東海道本線全線電化が完成す
る。同日には全国ダイヤ改正が実施され、上越線に
も第2急行として「佐渡」が登場する。従前の「越
路」が上野・新潟の両駅とも正午過ぎに発つのに対
し、「佐渡」は9時台となり、東海道特急の「つばめ」
と「はと」の関係と類似していた。

　しかし、全区間での途中停車駅は、「越路」が赤羽・
大宮・熊谷・高崎・渋川・沼田・水上・越後湯沢・
六日町・小出・越後川口・小千谷・長岡・見附・東
三条・加茂・新津の17駅なのに対し、「佐渡」は赤羽・
大宮・熊谷・高崎・渋川・水上・越後湯沢・長岡・
東三条・新津の10駅に抑えたため、到達時分も短く、
列車名の地名度や親しみやすさもあって、一躍上越
線のスター列車としての地位を獲得する。夜行は「北
陸」が大阪直通を取り止め、上野～福井間の輸送に
専念。「津軽」は定期化されるものの、列車名を「羽
黒」と改め秋田行きに変更される。そして、入れ替

時刻表ー②　東京（上野）ー新潟・金沢・秋田間急行列車時刻の変遷(2)

	1945.11.20	1947.11.7	1948年7月1日		1949年9月15日			1950年10月1日			1953年3月15日			1954(昭和29)年10月1日			
列車番号	709	605	601	701	2701	601	703	701	601	705	701	601	705	701	601	2801	709
種別	急行	急行	急行	急行	急行	急行	準急	急行	急行	準急	急行	急行	準急	急行	急行	急行	準急
列車名									北陸		越路	北陸		越路	北陸	津軽	
連結車種								特ロ	ロネ・特ロ	ロ	特ロ	ロネ・特ロ		特ロ	ロネ		
上野　発	9 50	20 00	20 00	21 30	10 30	20 30	22 00	10 20	21 10	21 50	12 30	21 20	22 00	12 30	21 10	21 20	22 00
大宮　〃	10 27	20 42	20 38	22 08	11 05	21 10	22 40	10 57	21 44	22 30	12 59	21 52	22 36	12 59	21 42	21 52	22 36
高崎　〃	11 51	22 04	22 00	23 32	12 23	22 40	0 13	12 14	23 06	23 57▲	14 09	23 06	0 06	14 06	22 56	23 08	0 06
水上　〃	13 43	23 30	23 25	1 00	13 45	0 04	1 41	13 32	0 21	1 30	15 18	0 25	1 31	15 20	0 15	0 29	1 31
越後湯沢〃	↓	↓	↓	1 54	↓	↓	2 21	14 19	↓	2 21	15 58	↓	2 23	15 58	↓	↓	2 23
長岡　着	16 06	2 25	2 20	3 53	15 55	2 36	4 15	15 42	2 36	4 07	17 13	2 36	4 07	17 13	2 32	2 46	4 07
東三条　発	…	3 21	〃	4 40	16 30	〃	4 58	16 17	〃	4 55	17 43	〃	4 55	17 43	〃	3 16	4 55
新津　着	17 11	3 55	〃	5 13	16 58	〃	5 32	16 45	〃	5 28	18 09	〃	5 28	18 09	〃	3 44	5 28
新潟　〃	17 38	4 35	〃	6 00	17 25	〃	6 10	17 10	〃	6 00	18 30	〃	6 00	18 30	〃	〃	6 00
羽越方面							※秋田									青森	
終着							11 43									13 26	
北陸方面		金沢	金沢			金沢			大阪	直江津		大阪			大阪		
終着		9 35	9 42			9 18			15 55	7 28		15 43			15 10		
備考			上野ー長岡間併結	上野ー新津間併結	不定期			上野ー高崎間併結						不定期			
列車番号	710	606	702	602	2702	704	602	702	706	602	702	706	602	702	710	2802	602
種別	急行	急行	急行	急行	急行	準急	急行	急行	準急	急行	急行	準急	急行	急行	準急	急行	急行
列車名										北陸	越路		北陸	越路		津軽	北陸
連結車種								特ロ	ロ	ロネ・特ロ	特ロ		ロネ	特ロ			ロネ・特ロ
羽越方面			※秋田													青森	
始発			15 45													14 25	
北陸方面		金沢		金沢			金沢		直江津	大阪			大阪				大阪
始発		18 40		18 50			20 43		21 20	13 10			13 25				13 30
新潟　発	9 25	23 00	22 00	〃	9 45	21 10	〃	12 35	22 00	〃	13 20	22 00	〃	12 05	22 00	〃	〃
新津　〃	9 53	23 54	22 40	〃	10 10	21 39	〃	13 04	22 30	〃	13 41	22 30	〃	12 26	22 30	23 42	〃
東三条〃	…	0 40	23 15	〃	10 44	22 15	〃	13 30	23 02	〃	14 08	23 02	〃	12 53	23 02	0 10	〃
長岡　〃	10 59	1 36	23 55	1 45	11 16	22 56	3 10	14 12	23 40	1 39	14 39	23 40	1 39	13 25	23 43	0 42	1 51
越後湯沢〃	↓	↓	1 55	↓	↓	0 49	↓	15 52	1 27	↓	15 57	1 31	↓	14 43	1 34	↓	↓
水上　〃	13 50	4 40	2 54	5 10	13 44	1 48	6 00	16 41	2 34	4 08	16 37	2 34	4 10	15 26	2 34	3 16	4 12
高崎　〃	15 08	5 58	4 10	6 35	15 05	3 15	7 18	17 58	4 10	5 25	17 46	3 52	5 26	16 32	3 52	4 29	5 26
大宮　着	16 21	7 14	5 25	8 00	16 15	4 40	8 30	19 07	5 28	6 39	18 51	5 05	6 42	17 36	5 05	5 37	6 42
上野　〃	17 00	7 53	6 05	8 50	16 50	5 20	9 10	19 40	6 06	7 17	19 20	5 40	7 22	18 05	5 40	6 10	7 20
備考			長岡ー上野間併結	新津ー上野間併結				高崎ー上野間併結						不定期			

上越線全線を走行する定期列車を原則として表示。※は不定期列車区間での時刻　▲は着時刻　…は発または着時刻不詳
連結車種欄　ロネ＝2等寝台車　特ロ＝特別2等車　記入なき列車は2等車と3等車で組成

わるように上野〜秋田間を奥羽本線経由急行で結ぶ「鳥海」が青森に延長され、晴れて「津軽」になるとともに、"出世列車伝説"を作り上げる。

この改正での急行「佐渡」「越路」と準急709・710レの編成は15ページ下欄の通りである。③〜⑧号車の車種と形式が同一なのは、新潟客貨車区の車両を共通運用しているのが理由だった。上野〜長岡間の牽引機はEF58からEF57に交替。また高崎線には、通勤事情の緩和のため、80系湘南形電車が投入された。

1957（昭和32）年12月20日、両毛線高崎〜新前橋間が上越線に編入された結果、上越線は高崎〜宮内間、両毛線は小山〜新前橋間に変更され、現在の形になる。

上越線に80系電車準急進出

1956（昭和31）年11月改正で上野〜高崎（一部水上）間に投入された80系電車は、持ち前のスピードと、客車列車に比べさほど見劣りしない車内設備が好評で迎えられ、両毛線前橋電化に伴う1957（昭和

32）年12月1日改正では、上野〜前橋間直通列車にも数多く進出していた。こうなると、東海道本線の湘南準急同様、優等列車の座を射止めるのは時間の問題で、1958（昭和33）年4月14日から上野〜越後湯沢間準急「奥利根」として運転を開始する。その直前の4月10日、長年無名のままで運転されてきた上野〜新潟間準急709・710レに「越後」の列車名が命名される。

ところで、新潟駅は1935（昭和10）年に駅舎を新築したものの、戦後は越後線や白新線の終点駅となったことで、駅構内は狭隘になっていた。さらに開業時の経緯で、新潟市（旧沼垂町）内を半周する形で駅に進入するため、時間的ロスも多く改善が求められていた。そこで、旧駅の南方向に4面のホームを持つ新駅を建設し、線路配線も抜本的に見直す工事が進められ、新潟鉄道管理局と民衆設備を有する新駅舎が、1958（昭和33）年4月29日に竣工する。同日には新潟付近を中心とする小規模なダイヤ改正が実施され、線路改良により貨物支線内の駅となった、岩越鉄道時代のターミナル・沼垂の駅名が『時刻表』

1961年10月1日改正で新設された大阪〜青森・上野間特急「白鳥」は、新潟県内では信越・羽越本線を走行し、直江津・長岡・新津の3駅に停車。しかし、県都新潟はルートから外れているため、"わが県にやってきた初めての特急"を迎えることができなかった。写真は阿賀野川鉄橋を行く上り「白鳥」。
◎2002D 青森発大阪行き特急「白鳥」キハ80系電車6連　1961.11.1　京ヶ瀬〜新津　撮影：瀬古龍雄（新津鉄道資料館）

本文ページから姿を消す。そして同年9月29日に亀田〜新潟間の複線化工事が完成。10月1日から、営業面で特別2等車（特ロ）の制度が廃止され、座席指定制に変更される。

1959（昭和34）年4月13日には、80系電車が長岡まで進出し、上野発の準急「ゆきぐに」として運転を開始する。準急ゆえに停車駅こそ多いものの電車の特性を発揮し、同区間を急行「佐渡」より2分速く結んだ。また、急行「越路」は上下とも運転時刻を繰り下げ、上野・新潟とも15:00に発車するダイヤに変更される。同年には、9月22日にダイヤ改正が実施され、上り「佐渡」の時刻が変更されているため、時刻表—③では1960（昭和35）年1月16日当時の時刻を掲出する。なお、準急「奥利根」等上越線の区間列車についての時刻は、別の機会に譲るとして本稿では省略させていただく。

上野〜新潟間には無風の
1961年10月大改正

　80系電車準急「ゆきぐに」が素晴らしい走りを見せると、長岡から63.3kmしか離れていない新潟県都としても、早期に電車優等列車を迎えたい気持ちになるのは当然の話だった。特に長岡〜新潟間の沿線では、上野〜長岡間電化の1952（昭和27）年4月以来、毎年のように電化の要望が出されても、その都度棚上げされていたが、国鉄も1960（昭和35）年度になってようやく重い腰を上げ、同区間の電化工事を1961（昭和36）年2月に開始。山陽本線三原〜広島間、北陸本線敦賀〜福井間とセットする形で、1962（昭和37）年度前半期での完成を目ざす。

　上野〜新潟間電化完成の暁には、東海道本線のように電車特急の運転が内定しているため、上越線では運転実施に備えての試験運転が、1961（昭和36）年6月に151系と157系を使用して実施された。また、上越線開業30周年に当たる同時期には、今後の利用客の伸びを考慮し、新清水トンネルの建設を含む上越線の複線化が決定される。

　そうした中、国鉄史上最大といわれる全国ダイヤ改正が1961（昭和36）年10月1日に実施され、気動車特急を主体とする全国特急列車ネットワークが構築

長岡駅を発車する上り準急「ゆきぐに」。湘南形80系電車の編成で、撮影当時、上野〜長岡間では急行「越路」や「佐渡」よりも速い4時間17分で結び、特に上りは座席の確保が容易いことで長岡市民からの人気は絶大だった。
◎906T 長岡発上野行き準急「ゆきぐに」80系電車7連　1960.1.10　長岡　撮影：瀬古龍雄（新津鉄道資料館）

される。上野〜新潟間にとっては、未電化区間を残す時代として最後の改正になるが、暫定的に80系気動車を投入したところで二重投資になるため、この改正での特急新設は見送られた。そのため、1961年10月改正は、翌年2月から運転予定の153系準急「ゆきぐに2—1号のスジが挿入されたほかは、一部の列車番号の変更だけで、来るべき全区間電化の日を待つことになる。

せっかくの全国改正も、上野〜新潟間にとっては、どこ吹く風だったが、各列車の利用客数は着実に伸びているため、編成は20ページ下欄並びに21ページ上段のように改められた。なお、1960（昭和35）年7月1日から2等級制が採用されたため旧2等は1等に、旧3等は2等に、それぞれスライド格上げされた。

1956年11月、1960年1月、1961年10月における優等列車の時刻表-③に示す。

時刻表一③　東京（上野）ー新潟・金沢・秋田間急行列車時刻の変遷（3）

列車番号	1956(昭和31)年11月19日					1960(昭和35)年1月16日						1961(昭和36)年10月1日						
列車番号	701	703	801	601	709	905T	701	703	801	601	709	705M	701	703	707M	801	2601	709
種別	急行	急行	急行	急行	準急	準急	急行	急行	急行	急行	準急	準急	急行	急行	準急	急行	急行	準急
列車名	佐渡	越路	羽黒	北陸		ゆきぐに	佐渡	越路	羽黒	北陸	越後	ゆきぐに1号	佐渡	越路	ゆきぐに2号	羽黒	北陸	越後
連結車種	特ロ	特ロ	特ロ・ハネ	特ロ・Cロネ・ハネ	Cロネ・ハネ				ハネ	Cロネ・ハネ	Cロネ・ハネ		Cロネ・ハネ	BCロネ・ハネ		Cロネ・ハネ		Cロネ・ハネ
上野 発	9 30	13 30	21 00	21 15	22 30	7 25	9 30	15 00	21 00	21 15	22 30	7 25	9 30	15 00	17 10	21 00	21 25	22 30
大宮 〃	9 58	13 59	21 31	21 46	23 01	7 51	9 58	15 29	21 31	21 46	23 01	7 51	10 00	15 29	17 36	21 31	21 55	23 02
高崎 〃	11 04	15 06	22 44	22 59	0 16	8 52	11 03	16 32	22 44	22 59	0 16	8 51	11 04	16 32	18 39	22 44	23 08	0 16
水上 〃	12 10	16 14	0 04	0 19	1 40	9 56	12 10	17 35	0 04	0 19	1 40	9 56	12 10	17 35		0 04	0 27	1 41
越後湯沢〃	12 47	16 51	↓	↓	2 27	10 32	12 47	18 11	↓	↓	2 27	10 32	12 47	18 11	20 18	↓	↓	2 25
長岡 着	13 59	18 10	2 13	2 33	4 23	11 42	13 59	19 25	2 13	2 32	4 23	11 42	13 59	19 25	21 28	2 16	2 36	4 18
東三条 発	14 27	18 42	2 44	〃	5 00		14 27	19 58	2 44	〃	5 00		14 27	19 59		2 47	〃	4 56
新津 着	14 53	19 08	3 10	〃	5 31		14 53	20 25	3 10	〃	5 31		14 52	20 25		3 13	〃	5 27
新潟 〃	15 15	19 30	〃	〃	6 00		15 12	20 44	〃	〃	5 56		15 10	20 43		〃	〃	5 52
羽越方面			秋田						秋田							秋田		
終着			8 31						8 32							8 51		
北陸方面				福井						金沢							金沢	
終着				10 00						8 15							8 20	
備考						80系使用						80系使用						
列車番号	702	704	710	802	602	702	906T	704	710	802	602	706M	702	708M	704	710	2602	802
種別	急行	急行	準急	急行	急行	急行	準急	急行	準急	急行	急行	準急	急行	準急	急行	準急	急行	急行
列車名	佐渡	越路		羽黒	北陸	佐渡	ゆきぐに	越路	越後	羽黒	北陸	ゆきぐに1号	佐渡	ゆきぐに2号	越路	越後	北陸	羽黒
連結車種	特ロ	特ロ	Cロネ・ハネ	特ロ・ハネ	特ロ・Cロネ・ハネ				Cロネ・ハネ	ハネ	Cロネ・ハネ		Cロネ・ハネ		BCロネ・ハネ	Cロネ・ハネ		Cロネ・ハネ
羽越方面				秋田						秋田								秋田
始発				19 10						19 00								19 20
北陸方面					福井						金沢						金沢	
始発					18 35						20 00						20 00	
新潟 発	9 00	12 55	22 30	〃	〃	8 10		15 00	22 30	〃	〃		8 10		15 00	22 30	〃	〃
新津 〃	9 21	13 16	23 00	0 32	〃	8 28		15 20	23 00	0 12	〃		8 28		15 20	23 00	0 50	〃
東三条 〃	9 47	13 44	23 32	1 00	〃	8 53		15 48	23 32	0 41	〃		8 53		15 48	23 32	1 17	〃
長岡 〃	10 16	14 16	0 08	1 33	2 08	9 22	13 38	16 21	0 08	1 15	1 36	7 35	9 22	13 38	16 21	0 08	1 35	1 51
越後湯沢〃	11 28	15 37	2 03	↓	↓	10 33	14 53	17 38	2 03	↓	↓	8 46	10 33	14 43	17 39	2 03	↓	↓
水上 〃	12 08	16 16	3 05	3 59	4 26	11 13	15 29	18 22	3 06	3 41	4 01	9 21	11 13	15 28	18 22	3 08	3 55	4 16
高崎 〃	13 13	17 23	4 20	5 11	5 39	12 22	16 38	19 24	4 22	4 55	5 13	10 35	12 24	16 37	19 26	4 26	5 00	5 19
大宮 着	14 18	18 26	5 27	6 22	6 54	13 27	17 37	20 28	5 45	6 02	6 22	11 31	13 28	17 35	20 26	5 31	6 04	6 47
上野 〃	14 47	19 00	6 00	7 00	7 32	13 57	18 07	21 00	6 08	6 40	7 00	11 58	14 00	18 06	21 02	6 08	6 40	7 00
備考							80系使用					80系使用		※	80系使用			

上越線全線を走行する定期列車を原則として表示。※153系使用、1962.2.1から運転開始　707Mは東京始発16 50
連結車種欄　Bロネ＝2等寝台車B室（1960.7.1から1番寝台車B室）　Cロネ＝2等寝台車C室（1960.7.1から1等寝台車C室）
　　　　　　特ロ＝特別2等車（1958.10.1廃止）　記入なき列車は2等車と3等車（1960.7.1からは1等車と2等車）で組成

03 上越線に電車優等列車時代到来

上野駅高架ホームで発車待ちの上り特急「とき」。列車に乗り込む客の多さからも人気ぶりが伺える。161系電車は151系との識別のため、ボンネットに赤いラインを施していたが、運転台上の前照灯やウインカーランプは健在だった。
◎1M 上野発新潟行き特急「とき」161系電車9連
1965.3 上野 撮影：牛島 完(RGG)

上越線に待望の電車特急「とき」運転開始

上越線待望の電車特急には、1961（昭和36）年10月改正で東海道本線を中心に9往復の勢力になり、人気も抜群の「こだま形」151系をそのまま投入するのが、運用効率や保守の面でも理想的である。しかし、上越線は勾配線区のうえ豪雪地帯でもあるため、導入に際しては現車を使用した試験の結果、車体を151系、性能と足回りは157系とし、耐寒耐雪構造と抑速発電ブレーキを付加した161系が専用車として整備される。そして、信越本線長岡～新潟間電化の完成を待って、1962（昭和37）年6月10日から、161系は特急「とき」として上野～新潟間での運転

を開始。途中停車駅を高崎・長岡・新津の3ヵ所に抑え、当時としては破格の4時間40分で結び、表定速度も一挙に70km/h台に乗るすばらしい走りだった。編成は1等車2両、2等車6両、それに食堂車の9両編成で、151系のようなパーラーカーの連結はなかった。

「とき」の列車名については、当時新潟県佐渡島と石川県能登半島に棲息していた、国際保護鳥のトキ(朱鷺)に因んでいるが、「つばめ」や「はと」「はやぶさ」ほど、鳥の列車名としては馴染みがないことや、平仮名だけでは、スピードにも通じる「時」を連想する（ごていねいにも運転開始日は「時の記念日」）向きもあるので、正面ヘッドマークには「とき」とともに「朱鷺」の文字も小さく書かれ、アクセントを添えた。

さて、話は1962年6月改正に戻るが、この改正では「とき」とペアを組む形で、上野～新潟間電車急行として「弥彦」（上り「佐渡」）が設定される。しかし、実体は改正前の準急「ゆきぐに1―2号」の格上げで、車両も80系のまま高崎線の普通列車と共通運用で使用するため、座席幅の狭い初期車も編成に入るなど、遜色急行もいいところだった。この電車急行は、運転開始早々から利用客の間で不評だったが、その理由は設備面もそうだが、上下とも急行群の先鋒を走るため、全区間で混雑が激しく、編成が準急時代の7両のままでは、途中駅からの着席が難しいというのも理由だった。

残る昼行急行2往復は、全区間F58牽引の客車列

急行 佐渡（下り）・越路（上り）（1961.10.1）
← 704レ 上野行き　　　　　　　　　　　　701レ 新潟行き →

③	④	⑤	⑥	⑦	⑧	⑨	⑩
自2等・荷物	指1等	自1等	自2等	自2等	自2等	自2等	自2等
オハニ36	スロ60	スロ51	オハ46	オハ46	オハ46	オハ46	オハフ45

急行 越路（下り）・佐渡（上り）
← 702レ 上野行き　　　　　　　　　　　　703レ 新潟行き →

③	④	⑤	⑥	⑦	⑧	⑩	⑪
自2等・荷物	指1等	自1等	自2等	自2等	自2等	自2等	自2等
オハニ36	スロ60	スロ51	オハ46	オハ46	オハ46	オハフ45	オハフ45

準急・越後
← 710レ 上野行き　　　　　　　　　　　　　　　　　　　　　709レ 新潟行き →

			①	②	③	④	⑤	⑥	⑦	⑧	⑨	⑩
荷物	荷物	郵便	1等寝台C	2等寝台	2等寝台	2等寝台	自1等	自2等	自2等	自2等	自2等	自2等
上野～新津			マロネ29	ナハネ10	ナハネ10	ナハネ11	スロ51	オハ46	オハ46	オハ46	オハ46	オハフ45

準急・ゆきぐに　下り1号・上り2号

← 708M 上野行き　　　　　　　　　　　705M 長岡行き →

①	②	③	④	⑤	⑥	⑦
自2等	自2等	自1等	自2等	自2等	自2等	自2等
クハ86	モハ80	サロ85	モハ80	サハ87	モハ80	クハ86

準急・ゆきぐに　下り2号・上り1号

← 706M 上野行き　　　　　　　　　　　707M 長岡行き →

①	②	③	④	⑤	⑥	⑦
自2等	自2等	自2等	自1等	自2等	自2等	自2等
クハ153	モハ152	モハ153	サロ153	モハ152	モハ153	クハ86

ドキュメント　サンパチ豪雪。急行「越路」112時間の苦闘

月日	時刻(時間)	場所	できごと
1月23日	16:05	新潟	急行704レ「越路」、新潟駅を定刻の16:05に発車。
	16:30過ぎ	新津	新津駅を過ぎた「越路」は猛吹雪に襲われる。車窓を小砂利のように雪がたたく
			この夜、新津市で瞬間最大風速30mを記録。新潟市では3万戸が停電、バスも途中で動かず、新潟市内の交通は混乱をきわめる
	17:00～21:00頃	羽生田駅	「越路」、羽生田駅で約4時間立ち往生
	22:00頃	保内駅	「越路」、運転を再開するも保内駅で約10時間立ち往生。最初の一夜を明かす。専務車掌は子ども連れ客などを1等車に集めるほか、10編成各車両の旅客を励まし、状況を説明するなど、対応に当たった。当日、国鉄新潟支社は旅客・貨物列車144本を運休。約1万人が車内や、駅待合室で眠れぬ夜を過ごした。
1月24日	13:19	押切駅	午前中に運転を再開した「越路」は約300人の旅客を乗せ、押切駅に到着。到着後、後部2両が脱線し、同駅手前の刈谷田川鉄橋の枕木を破損していたことが判明。「越路」は修理が済むまで、同駅で待機。
			この日の朝、新潟県防災会議は豪雪を「三十八年一月雪害」と命名。14:45、上京中の新潟県知事が自衛隊に雪害出動を要請する。
	18:00頃	押切駅	線路は長岡からの救援車により、18時前に復旧。応急措置が終了した「越路」は、前後各4両の機関車で運転を再開しようとするも、積雪で発車不能。救援に向かった機関車2両も、途中の吹き溜まりに乗り上げ、運転不能に陥る。
	19:00頃	押切駅	「越路」は車内灯が消え、スチームも止まる。乗客たちはバケツで配られた炭火で暖をとり、ろうそくの明かりで、炊き出しの握り飯を食べる。
	22:00頃	押切駅	締め切った車内の炭火により一酸化炭素中毒が発生。多数の乗客がめまいや吐き気を訴える。同駅の手配で病人などを農家に、残る乗客も農協などに分宿する。
1月25日	4:30	押切駅	長岡市から自衛隊が雪上車に医師らを乗せて押切駅に到着。見附署の救助隊も駆けつける。重症の3人は長岡市内の病院に搬送。
	13:00過ぎ	長岡駅	「越路」運転を再開。長岡駅に到着。
	16:00過ぎ	長岡駅	「越路」はラッセルの先導で出発し、宮内駅から上越線に入るが、越後滝谷駅の先でストップ。
1月26日	3:00過ぎ	長岡駅	「越路」は長岡駅に引き返す。乗客318人は市内の旅館に収容。
			この頃、刈羽郡黒姫村(現柏崎市)で一家7人が死亡するなど、雪崩や家屋倒壊が続出。幹線道路も寸断され、市街地では下ろされた屋根雪が道路を埋め、外出さえままならなかった。
1月28日	1:45	長岡駅	国鉄職員や自衛隊員による夜を徹しての除雪作業と、雪が小康状態になったことで、上信越線では沿線の駅に滞留していた列車が28日未明から動き出す。「越路」も同日1:45に駅長に見送られ、長岡駅を上野に向けて発車。
	8:29	上野駅	「越路」は氷雪を抱いたまま、上野駅16番線に到着。所要時間112時間24分、遅延時間106時間21分は前代未聞の記録。上野到着時の乗客数は「缶詰め組」約300人を含む650人。このうち約100人は始発の新潟駅からの通し客だった。
			翌1月29日、政府は「北陸地方豪雪非常災害対策本部」を設置。雪害では初の災害救助法が、新潟県内では長岡市をはじめとする23市町村に適用される。融雪洪水などの二次災害も続き、死者12人、重軽傷者3999人、全壊家屋53戸、半壊家屋182戸、床上・床下浸水3402戸の被害を出した。1月30日における長岡市の積雪は318㎝だった。

『新潟日報』1999年1月24日の「20世紀にいがた100シーン　31・白魔38豪雪―急行越路112時間の苦闘」より作成

車のままだが、下り「佐渡」と上り「越路」には、半室ながら食堂車が連結される。準急「越後」を含め⑤～⑩号車を共通運用するのは、従来どおりだった。しかし、上野～新潟間に関しては実質的に白紙改正なのに、客車急行の到達時分は改正前とさほど変わらず、上下とも始発駅を「弥彦」「佐渡」「越路」の順に発車するのは、車両が同一編成の場合はいいが、使用車種やサービス内容が異なるのは問題を残した。この改正における時刻は時刻表―④、特急「とき」と昼行急行の編成は23ページ上段の通りである。

サンパチ豪雪被害と電車急行の体質改善

　上越線は北陸・信越・飯山・只見線とともに豪雪地帯を走っているので、冬場の列車の遅れや運休はさほど珍しいものではないが、1963(昭和38)年1月11日から本州日本海岸線一帯を襲った豪雪は、北陸・新潟地方では、60年近い歳月が流れた現在でも"サンパチ豪雪"として語り継がれるほどの凄まじいものであった。

　その中で、1月23日定刻の16:05(豪雪により1時間

遅れの17:05の報道もある）に新潟駅を発車した上野行き急行704レ「越路」は、吹雪の中で難行を続けた末に立ち往生し、6日目の28日朝になって終点上野駅にたどり着く。この時の様子は「雪と戦った6日間、『越路』帰る」と、当時の新聞・テレビでも大々的に報道されたが、筆者は、先年その詳細を生々しく記した新聞記事を入手したので、その苦闘の様子をドキュメント風にアレンジし、発表させていただく。

そうした豪雪によるダイヤも平常に戻り、学校も春休みを迎えた3月26日、接客面で問題の多い急行「弥彦」（上り「佐渡」）が165系電車に置換えられる。165系は153系の発展形式で、東海道・山陽本線以外の直流電化区間には、山岳路線や寒冷地が含まれることを考慮し、主電動機を120kWのMT54にパワーアップするほか、抑速発電ブレーキを装備し、耐寒耐雪構造としたのが特徴だった。

この165系は当初1等車形式の落成が間に合わなかったためサロ153を挿入して運用される。乗り心地や2等車の居住性は評価されるが、編成は7両のままなので、混雑の緩和とまではいかなかった。それでも4月23日からは、153系準急「ゆきぐに」も165系化され、形式統一が図られた。

1963（昭和38）年3月26日からの「弥彦（上り佐渡）」の編成は左記の通りである。

急行　弥彦（下り）・佐渡（上り）（1963.3.26）

	①	②	③	④	⑤	⑥	⑦
← 702M 上野行き						701M 新潟行き →	
	自2等	自2等	自2等	自1等	自2等	自2等	自2等
	クハ165	モハ164	クモハ165	サロ153	クハ165	モハ164	クモハ165

急行　弥彦・佐渡・越路　ゆきぐに・越後（1963.6.1）

	①	②	③	※④	⑤	⑥	※⑦	⑧	⑨	⑩	⑪	⑫
← 上野行き											新潟行き →	
	自2等	自2等	自2等	自2等・ビ	自1等	指1等	自2等・ビ	自2等	自2等	自2等	自2等	自2等
	クハ165	モハ164	クモハ165	サハシ165	サロ153	サロ165	サハシ165	モハ164	クモハ165	クハ165	モハ164	クモハ165

※「越後」の④⑦号車のビュフェは営業休止

急行・天の川

	荷物	荷物	郵便	①	②	③	④	⑤	⑥	⑦	⑧
← 702レ 上野行き										701レ 新潟行き →	
	荷物	荷物	郵便	1等寝台B	2等寝台	2等寝台	2等寝台	2等寝台	2等寝台	2等寝台	指2等
				オロネ10	ナハネ10	ナハネ10	ナハネ10	オハネ17	オハネ17	オハネ17	スハフ43

寝台列車を除く上越線急行の165系電車化完成

上越線急行のうち電車の「弥彦（上り佐渡）」は165系化で、遜色急行（当時はそうした言葉はなかったが……）の汚名を返上するが、昼行で残る客車急行2往復は電車に比べ、足の遅さが指摘されていた。

そこで上野〜新潟間昼行急行は、増備車を含む165系72両が新潟運転所に揃う1963（昭和38）年6月1日ダイヤ改正時に、全面的に電車化され、同時にスピードアップが実施される。

この改正では準急「ゆきぐに」が同一ネームのまま急行に格上げされ、昼行急行の始発駅配列も従前の下りに倣い「弥彦」「佐渡」「越路」「ゆきぐに」とされたため、特急「とき」の後を追って発車していた上り急行群は、「弥彦」が「とき」よりも早い6:50に発つことになり、「佐渡」や「越路」

1963年6月改正で165系12両での運転になった急行「弥彦」は、輸送力が格段に増強された。165系は耐寒・耐雪構造であるとはいえ、雪は大敵だった。架線柱の形態からは上越線内での撮影と思われる。
◎701M上野発新潟行き急行「弥彦」
165系電車12連　撮影年月・場所不詳
撮影：瀬古龍雄（新津鉄道資料館）

特急・とき（1962.6.10）

← 2M 上野行き　　　　　　　　　　　　　　　　1M 新潟行き →

①	②	③	④	⑤	⑥	⑦	⑧	⑨
指2等	指1等	指1等	食堂	指2等	指2等	指2等	指2等	指2等
クハ161	モロ161	モロ160	サシ161	モハ160	モハ161	モハ160	モハ161	クハ161

急行　佐渡（下り）・越路（上り）

← 704レ 上野行き　　　　　　　　　　　　　　701レ 新潟行き →

①	②	③	④	⑤	⑥	⑦	⑧	⑨	⑩
自2等・荷物	指1等	自1等	自2等・食堂	自2等	自2等	自2等	自2等	自2等	自2等
オハニ36	スロ60	スロ51	オハシ30	オハ46	オハ46	オハ46	オハ46	オハフ45	

急行　越路（下り）・弥彦（上り）

← 702レ 上野行き　　　　　　　　　　　　　　703レ 新潟行き →

①	②	③	⑤	⑥	⑦	⑧	⑩
自2等・荷物	指1等	自1等	自2等	自2等	自2等	自2等	自2等
オハニ36	スロ60	スロ51	オハ46	オハ46	オハ46	オハ46	オハフ45

急行　弥彦（下り）・佐渡（上り）

← 702M 上野行き　　　　　　　　　　　　　　701M 新潟行き →

①	②	③	④	⑤	⑥	⑦
自2等	自2等	自1等	自2等	自2等	自2等	自2等
クハ86	モハ80	サロ85	モハ80	サハ87	モハ80	クハ86

特急・とき（1964.5.31～6.30）

← 上野行き　　　　　　　　　　　　　　　　　1M 新潟行き →

①	②	③	④	⑤	⑥	⑦	⑧	⑨
指2等	指1等	指1等	食堂	指2等	指2等	指2等	指2等	指2等
クハ161	モロ161	モロ160	サシ161	モハ160	モハ161	サハ157	モハ156	クモハ157

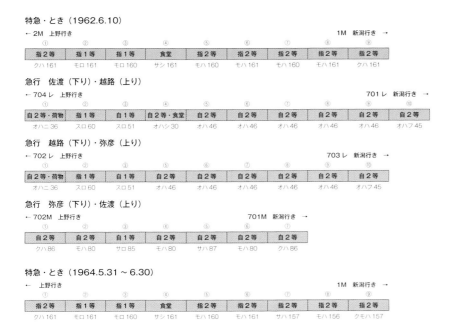

も発車時刻が繰り上げられる。しかし、急行は全列車が東海道本線と同様に、サロ165とサハシ165を各2両連結した12両統一編成とされ、2等車の定員も大幅に増えたので、利用客が混乱することはなかったようだ。ただし、サハシ165のビュフェ部分の構造はサハシ153に似ているが、東海道急行で好評の寿司コーナーは職人の確保が困難なため、それに代わってそばコーナーが設置された。

また、この改正では増加の一途をたどる夜行準急「越後」を急行に格上げのうえ、寝台列車とオール座席車の輸送力列車に二分することになり、寝台列車には「天の川」を命名。165系の夜行運用となる輸送力列車のネームには「越後」がそのまま使用される。しかし、運転時刻から利用客が見込めないビュフェは最初から営業が休止された。

この改正での時刻は先の1962年6月改正とともに、時刻表―④に記し、本ページ下欄に示す。電車急行と寝台急行「天の川」の編成は本ページ上欄の通りで、「天の川」では新潟駅に初登場するオロネ10と、回転クロスシート化されたスハフ43の姿が目を引いた。

そのわずか4か月後の1963年10月1日、信越本線では長野電化並びに、横川～軽井沢間のアプト式廃止と、粘着運転切替えに伴うダイヤ改正が実施され、同時に上野～新潟を磐越西線経由で結ぶ気動車急行「いいで」が新設される。"サンパチ豪雪"の教訓

から、上野～新潟間での迂回ルートを年間を通して設定しておくのが狙いだった。

輸送力が増加し、利用の便がはかられた「佐渡」以下電車急行は、東海道急行と同タイプの名称可変式ヘッドマークを掲げ、勾配をものともしない軽快な走りを披露していた。また、観光客のほか登山客

上野～長岡間準急「ゆきぐに」は1963年6月改正で、新潟延長のうえ165系12両の急行に格上げされた。写真は新潟駅1番線で発車前の姿。◎708M　新潟発上野行き急行「ゆきぐに」165系電車12連　1963.10.6　撮影：荻原二郎

やスキー客の利用が多い波動輸送に対処するため、上野～新潟間電車急行は同年11月25日から13両編成に増強され、各列車とも車掌が常駐する最後尾車両が座席指定化された。上越線の線形からMT比に余裕があるための車両増結だが、それにしても勾配路線での6M7T編成というのは恐れ入る。

時刻表一④　東京(上野)—新潟・金沢・秋田間急行列車時刻の変遷(4)

列車番号	1962(昭和37)年6月10日								1963(昭和38)年6月1日								
列車番号	701M	701	703	1M	705M	801	2601	709	701M	703M	705M	1M	707M	801	2601	709M	701
種別	急行	急行	急行	特急	準急	急行	急行	準急	急行	急行	急行	特急	急行	急行	急行	急行	急行
列車名	弥彦	佐渡	越路	とき	ゆきぐに	羽黒	北陸	越後	弥彦	佐渡	越路	とき	ゆきぐに	羽黒	北陸	越後	天の川
形式・連結両数	80系⑦	一般形⑩	一般形⑩	161系⑨	153系⑦	一般形⑪	一般形⑬	一般形⑬	165系⑫	165系⑫	165系⑫	161系⑨	165系⑫	一般形⑪	一般形⑬	165系⑫	一般形⑪
連結車種		シ	シ	シ		Bロネ・ハネ	BCロネ・ハネ	Cロネ・ハネ	ビ	ビ	ビ	シ	ビ	Bロネ・ハネ	BCロネ・ハネ		Bロネ・ハネ
上野　発	7 25	9 30	13 15	16 50	18 10	21 00	21 25	22 30	7 25	9 30	13 15	16 50	18 10	21 00	21 25	22 30	22 51
大宮　〃	7 52	10 00	13 46	↓	18 39	21 31	21 55	23 02	7 52	10 00	13 46	↓	18 39	21 31	21 55	23 02	23 28
高崎　〃	8 52	11 05	14 51	18 08	19 39	22 44	23 08	0 16	8 52	10 58	14 45	18 08	19 39	22 44	23 08	0 16	0 46
水上　〃	9 53	12 16	15 54	↓	20 47	0 04	0 27	1 41	9 54	12 03	15 45	↓	20 47	0 04	0 27	1 41	2 09
越後湯沢〃	10 30	12 57	16 30	↓	21 18	↓	↓	2 25	10 30	12 35	16 23	↓	21 18	↓	↓	2 27	3 07
長岡　着	11 35	14 10	17 41	20 30	22 25	2 16	2 36	4 18	11 36	13 46	17 30	20 30	22 16	2 16	2 36	3 57	4 55
東三条　発	12 01	14 34	18 08	↓		2 47	//	4 56	12 01	14 09	17 55	↓	22 49	2 47	//	4 45	5 31
新津　着	12 25	14 58	18 34	21 15		3 13	//	5 27	12 25	14 30	18 17	21 15	23 10	3 13	//	5 17	6 01
新潟　〃	12 40	15 15	18 50	21 30		//	//	5 52	12 40	14 45	18 33	21 30	23 24	//	//	5 39	6 25
羽越方面　終着						秋田 8 51								秋田 8 51			
北陸方面　終着							金沢 8 20								金沢 8 20		
備　考																	寝台列車

列車番号	1962(昭和37)年6月10日								1963(昭和38)年6月1日								
列車番号	706M	2M	702	702M	704	710	2602	802	702M	2M	704M	706M	708M	710M	702	2602	802
種別	準急	特急	急行	急行	急行	準急	急行	急行	急行	特急	急行	急行	急行	急行	急行	急行	急行
列車名	ゆきぐに	とき	弥彦	佐渡	越路	越後	北陸	羽黒	弥彦	とき	佐渡	越路	ゆきぐに	越後	天の川	北陸	羽黒
形式・連結両数	153系⑦	161系⑨	一般形⑩	80系⑦	一般形⑩	一般形⑬	一般形⑬	一般形⑬	165系⑫	161系⑨	165系⑫	165系⑫	165系⑫	165系⑫	一般形⑪	一般形⑬	一般形⑪
連結車種		シ		シ		Cロネ・ハネ	BCロネ・ハネ	Bロネ・ハネ	ビ	シ	ビ	ビ	ビ	ビ	Bロネ・ハネ	BCロネ・ハネ	Bロネ・ハネ
羽越方面　始発								秋田 19 20									秋田 19 20
北陸方面　始発							金沢 20 00									金沢 20 00	
新潟　発		8 30	10 20	13 25	16 00	22 30	//	//	6 50	8 30	11 00	13 30	16 45	22 35	23 00	//	//
新津　〃		8 44	10 37	13 41	16 15	23 00	//	0 50	7 06	8 44	11 14	13 44	17 01	23 00	23 19	//	0 50
東三条　〃		↓	11 04	14 04	16 46	23 32	//	1 17	7 29	↓	11 38	14 08	17 25	23 27	23 47	//	1 17
長岡　〃	7 30	9 28	11 31	14 26	17 18	0 08	1 35	1 51	7 52	9 28	12 00	14 30	17 52	24 00	0 29	1 35	1 51
越後湯沢〃	8 44	↓	12 41	15 38	18 40	2 03	↓	↓	9 01	↓	13 06	15 36	19 00	↓	2 26	↓	↓
水上　〃	9 21	↓	13 19	16 21	19 26	3 05	3 55	4 16	9 38	↓	13 42	16 22	19 43	2 55	3 19	3 56	4 16
高崎　〃	10 29	11 52	14 23	17 20	20 27	4 26	5 00	5 19	10 32	11 52	14 38	17 20	20 38	4 12	4 26	5 00	5 19
大宮　着	11 26	↓	15 26	18 17	21 21	5 41	6 04	6 23	11 29	↓	15 37	18 17	21 36	5 30	5 41	6 04	6 23
上野　〃	11 58	13 10	16 01	18 46	22 08	6 23	6 40	7 00	12 04	13 10	16 10	18 47	22 05	6 12	6 23	6 40	7 00
備　考															寝台列車		

上越線全線を走行する定期列車を原則として表示。
連結車種欄　Bロネ=1等寝台車B室　Cロネ=1等寝台車C室　シ=食堂車　ビ=ビュフェ付き車両　記入なき列車は1等車と2等車で組成

特急「とき」の161系＋157系編成出現

　特急「とき」専用車の161系は、モロ161・モロ160・サシ161が各2両、モハ161・モハ160・クハ161が各3両の計15両という、少数形式の電車である。それでも田町電車区に所属し、上野〜新潟間を9両で1往復するだけの運用で、各形式とも予備車1両が確保されているので、運転するには困らなかった。しかし、その161系「とき」も約1ヵ月の限定ながら、157系と併結の変則編成で運転された時期があった。なぜ、そうした事態が発生したのか。

　時は東海道新幹線開業も半年後に迫った1964(昭和39)年4月24日、東海道本線草薙〜静岡間の古庄踏切で、東京発宇野行き特急2001M「富士」が直前横断のダンプカーと衝突し、①〜⑦号車が脱線。長期にわたる戦列離脱を余儀なくされる。そして、損傷の激しい先頭のクロ151—7は廃車になる。

　本来なら、こうした場合は事故編成を工場入りさせ、復旧するまでの間を予備編成でつなぐのだが、当時は151系のうち予備待機となる編成が、新幹線開業後の九州乗入れ改造に回されているため、東海道特急を所定運転するには、他形式でやり繰りするしかなかった。そこで、事故の翌日からは期間を限定して、153系や157系による代用運転が実施されるが、6月1日からは罹災した編成のうち、廃車となったクロ151以外の車両が復旧したため、「とき」用ク

ハ161がクロ151の代用として東海道特急の編成に入る。それに伴い上越線特急「とき」は、本ページ上のように⑦〜⑨号車が157系での運転となる。数字的には161系での編成が組めるはずだが、それではクハ161が交番検査の際に予備車がなくなるのが理由だった。

こうした「とき」の変則編成は、7月1日にサロ150改造のクロ150が、クハ161に替わって東海道特急編成に入ったことで解消する。

この161系＋157系「とき」が運転されているさ中の6月16日13時過ぎに、新潟地震が発生し、新潟市付近は津波や液状化現象、地割れなどで26名の死者を出す甚大な被害に見舞われる。上り特急「とき」は上野駅到着寸前のため無事だったが、その影響で17日から26日までは運休となる。

また少し遡れば、急行「越路」が立ち往生した1963（昭和38）年1月23日も、「とき」はまだ天候が小康状態だった午前中に新潟を発車しているので、これといった問題もなく上野までの運転を行なっている。『鉄道ファン』1976（昭和51）年1月号の記事によれば、「とき」は1月24日から2月17日まで長期運休になると記されているので、1月23日下り列車の運転が見合されたか、それとも途中で打ち切りになって、車両が田町区に引き返したかは不詳である。しかし、161系が無事だったことは確かで、強運な車両であることだけは間違いないようである。

181系の登場と「とき」の2往復化

1964（昭和39）年10月1日、東海道新幹線東京〜新大阪間が開業。同日のダイヤ改正は、全国的には挿入式であるため、上野〜新潟間では寝台急行「天の川」の⑧号車をスハフ43からナハネフ10に差し替えた、完全寝台編成化だけにとどまる。特急「とき」については、つねに好調で以前から逆時間帯での列車増発が望まれていたため、新幹線開業で捻出された田町区の151系を充てることになる。

しかし、151系はそのままでは上越線への入線ができないので、161系仕様への改造が必要となる。しかし、151系のうち山陽・九州方面転出車も、三原以西での運転には出力が不足するため、これを機に両形式とも主電動機を100kWのMT46から120kWのMT54に取り替え、勾配対策用に抑速発電ブレーキを装備したことで181系に形式改称される。上越線用181系は、当然ながら耐寒耐雪構造とされた。これにより、151・161の両形式は発展的解消を遂げる。待望の「とき」増発は、田町区の特急形電車の181系化が完了を待って、1965（昭和40）年3月25日に実施。2往復になった「とき」は、編成も10両に増強され、次の時刻で運転される。

（下り）
1M「第1とき」上野 7:50〜新潟12:35（新設）
3M「第2とき」上野16:45〜新潟21:30
（上り）
2M「第1とき」新潟 8:30〜上野13:15
4M「第2とき」新潟15:15〜上野20:00（新設）

この改正から新設の「第1―第2とき」は越後湯沢、既設の「第2―第1とき」は水上が停車駅に加えられたため、所要は4時間45分にダウンする。「とき」、電車急行、「天の川」の編成は本ページ下欄の通りである。

特急・とき（2往復）（1965.3.25）
←上野行き　　　　　　　　　　　　　　　　　　　　　　　　新潟行き →

①	②	③	④	⑤	⑥	⑦	⑧	⑨	⑩
指2等	指1等	指1等	食堂	指2等	指2等	指2等	指2等	指2等	指2等
クハ181	モロ181	モロ180	サシ181	モハ180	モハ181	サハ180	モハ180	モハ181	クハ181

急行　弥彦・佐渡・越路　ゆきぐに・越後
←上野行き　　　　　　　　　　　　　　　　　　　　　　　　　　　　　　　新潟行き →

①	②	③	※④	⑤	⑥	※⑦	⑧	⑨	⑩	⑪	⑫	⑬
下り指2等	自2等	自2等	自2等・ビ	自1等	指1等	自2等・ビ	自2等	自2等	自2等	自2等	自2等	上り指2等
クハ165	モハ164	クモハ165	サハシ165	サロ165	サロ165	サハシ165	クハ165	モハ164	クモハ165	クハ165	モハ164	クモハ165

※「越後」の④⑦号車ビュフェは営業休止

急行・天の川
←702レ 上野行き　　　　　　　　　　　　　　701レ 新潟行き →

①	②	③	④	⑤	⑥	⑦	⑧
郵便	1等寝台B	2等寝台	2等寝台	2等寝台	2等寝台	2等寝台	2等寝台
	オロネ10	オハネ17	オハネ17	オハネ17	オハネ17	オハネ17	ナハネフ10

1963年6月ダイヤ改正当日の上り急行「佐渡」。80系時代は車両面のお粗末さや輸送力不足で、不評だった「佐渡」も1等車とビュフェ車を各2両連結した“東海道線並みの急行”となり、面目を一新した。
◎704M　新潟発上野行き急行「佐渡」165系電車12連　1963.6.1　萩川～新津　撮影：瀬古龍雄（新津鉄道資料館）

昼行電車急行列車名を「佐渡」に一本化

　東海道新幹線開業1周年に当たる1965（昭和40）年10月1日、全国ダイヤ改正が実施される。上野～新潟間特急「とき」は、東京以北唯一の電車特急のため、設定以来1M起番の列車番号を付けていたが、この改正で東北本線に電車特急「ひばり」「やまびこ」が登場したため、エースナンバーを譲り2000番台に変更される。3月改正で2往復化されたため、本数はそのままである。

　電車急行は、この改正で昼行が5往復に増発されるのを機に、それぞれ別個に付けられていた列車名を「佐渡」に統一。夜行の「越後」は「越路」に改称される。165系13両編成は変わらないが、ビュフェ車2両中1両を中央東線急行用に充てるため、替わりにクハ165が入り、1両だけになったサハシ165は編成中間に近い⑥号車に移動する。増発の「第4―第2佐渡」は車両落成との関係で11月末までは、⑥・⑩号車を欠車とした11両で運転され、以後は所定の13両になる。

　ところで、戦後の早い時期に全線電化が完成した上越線では、気動車列車は未電化区間の長野原線（現吾妻線）直通や、その併結編成が水上へ乗入れるほか、旧北線区間では飯山線直通が越後川口まで入っていたが、さすがに清水トンネルを通過した実績はなかった。しかし、庄内地方を中心とする羽越沿線からは、新潟～秋田間準急「羽越」の上野乗入れを要望する声が高まっており、差し当たって1965年10月改正では運転区間はそのままで急行「鳥海」に格上げ。12月1日から上野～秋田間直通になる。新潟経由も当然継続されたため、車両が増結される上野～新潟間では実質的に「佐渡」の一員だった。上越国境へもキハ58系の2エンジン車を主体の編成で挑むため、所要時間は電車急行と大差なかった。

　この1965年10月改正までに信越本線宮内～新潟間は全線。上越線も高崎～後閑間や土樽～石打間など約60％の区間の複線化が完成し、1963年9月に開始された新清水トンネルの建設も工事がたけなわの状況だった。にもかかわらず、特急「とき」のスピードアップはなく、電車急行にいたってはスピードが

ダウンしているのは、残念というよりは摩訶不思議な感じだった。

この1965年10月改正の時刻を時刻表―⑤に示す。関連列車の編成は次の通りである。

特急「とき」3往復に増発も「顔」に変化

1965（昭和40）年10月改正後の1966（昭和41）年3月5日、運賃・料金改訂が実施され、準急券は100km未満に限っての発売となったため、既存の101km以上の準急は急行に格上げされる。当時の上越線では、南線側に「奥利根」（上野～水上）、「草津」「草津いでゆ」（両列車とも同～長野原）、北線側に「ゆざわ」（越後湯沢～新潟）、「うおの」（十日町～新潟）、「野沢」（長野～長岡）の準急群が運転されていたが、走行距離との関係で急行に統合される。それまでの急行は長編成にリクライニングシートの1等車を連結。客車や電車は食堂車やビュフェを組み込むのが定石だったので、「野沢」のようにキハ57形2両の列車が「急行」で走るシーンは、慣れるまで多少の時間がかかったものである。

その直後の3月5日、特急「とき」の編成変更実施で、運転開始以来④号車を定位置としていた食堂車が⑤号車に移り、下図のようになる。これはMG負担の均衡を図るのが目的だが、これにより食堂車は両側を2等車に挟まれる形態になる。電車特急としては初の試みだが、1等旅客の中でもプライドが高い人にとっては、2等車内を通行しての食堂車への移動は、面白

中央東線特急「あずさ」と共通運用になった関係で、クハ181の正面屋根上ライト類が外されイメージチェンジとなった特急「とき」。◎新潟発上野行き特急「とき」181系電車12連　1978.3　岩本～津久田　撮影：荒川好夫（RGG）

いものでなかっただろう。

ところで、一般庶民にとって1960年代前半までの特急は、乗車するにはハードルが限りなく高い列車だったが、東海道新幹線開業後は、誰でも料金さえ支払えば利用ができる大衆的な乗り物に姿を変え、ダイヤ改正ごとに停車駅を増やす傾向になる。

急行　佐渡（下記以外）　越路（1965.10.1）

←上野行き　　　　　　　　　　　　　　　　　　　　　　　　　　　　　　　　新潟行き →

①	②	③	④	⑤	※⑥	⑦	⑧	⑨	⑩	⑪	⑫
自2等	自2等	指2等	指1等	自1等	自2等・ビ	自2等	自2等	自2等	自2等	自2等	自2等
クハ165	モハ164	クモハ165	サロ165	サロ165	サハシ165	クハ165	モハ164	クモハ165	クハ165	モハ164	クモハ165

※「越路」の⑥号車ビュフェは営業休止

急行　下り第4佐渡・上り第2佐渡

←704M 上野行き　　　　　　　　　　　　　　　　　　　　　　　　　707M 新潟行き →

①	②	③	④	⑤	⑥	⑦	⑧	⑨	⑩	⑪
下り指2等	自2等	自2等	指1等	自1等	自2等	自2等	自2等	自2等	自2等	上り指2等
クハ165	モハ164	クモハ165	サロ165	サロ165	クハ165	モハ164	クモハ165	クハ165	モハ164	クモハ165

急行・鳥海

←802D 上野行き　　　　　　　　　　　　　　　　　　　　　　　801D 秋田行き →

①	②	③	④	⑤	⑥	⑦	⑧	⑨	⑩	⑪	⑫
自2等	自2等	自2等	自2等	指2等	指2等	指1等	自1等	自2等	自2等	自2等	自2等
キハ58	キハ58	キハ58	キハ28	キハ58	キハ58	キロ28	キロ28	キハ58	キハ58	キハ28	キハ58

上野～新潟　　　　　　　　　　　　　　　　　　　　　上野～秋田

特急・とき（2往復）（1966.3.25）

←上野行き　　　　　　　　　　　　　　　　　　　　　　新潟行き →

①	②	③	④	⑤	⑥	⑦	⑧	⑨	⑩
指2等	指1等	指1等	指2等	食堂	指2等	指2等	指2等	指2等	指2等
クハ181	モロ181	モロ180	サハ180	サシ181	モハ180	モハ181	モハ180	モハ181	クハ181

こうした中1966（昭和41）年10月1日改正で、信越本線電車特急として「あさま」が上野～長野間に、少し遅れて10月22日には、中央東線特急「あずさ」が新宿～松本間に、それぞれ2往復登場する。起終点間が200km台の走行距離や、ローカル地名を採用した列車名など、まさに特急大衆化時代の到来である。この両特急は直流電化区間で完結運転されるため、181系が使用されるが、既存の車両だけでは不足するため、181系としては初の新車が登場する。したがって、181系は151系から改造の0番代、161系をパワーアップした40番代、100番代を中心とする新製車からなる寄り合い所帯の形式になる。「あさま」「あずさ」両特急については、運用の効率化を図るため田町区に一括配置になり、特に「あずさ」は10両編成とされたため、「とき」と共通運用になる。

　しかし、初の中央東線特急となる「あずさ」は小断面のトンネルを通過する関係で、クハ181運転台上のヘッドライトとウインカーを撤去せざるを得ず、この処置は田町区配置の同形式全車と「あさま」用クハ180にも及んだ。これにより、181系先頭車は山陽本線用の向日町車と田町車とで、異なった顔を持つが、田町区の181系は、ボンネット形特急車のチャーミングポイントが失われてしまったのは、何とも残念だった。

　この1966年10月1日改正で、「とき」は既存列車の中間時間帯に1往復が増発され、3往復体制になる。時刻は次の通りである。

（下り）
2001M「第1とき」上野 8:05 ～新潟12:50
2003M「第2とき」上野11:45 ～新潟16:30（新設）
2005M「第3とき」上野16:45 ～新潟21:30
（上り）
2002M「第1とき」新潟 8:00 ～上野12:44
2004M「第2とき」新潟13:40 ～上野18:25（新設）
2006M「第3とき」新潟17:35 ～上野22:20

新清水トンネル竣工により
上越線全線複線化完成

　1967（昭和42）年9月28日、新清水トンネル竣工により、上越線では最後まで単線で残されていた新湯檜曽信号場～土樽間は新トンネルが下り線、在来トンネルを使用する線路が上り線になる形で複線化される。これにより上越線は101km以上の延長を有する路線では、東海道、山陽両本線に次いで全線の複線化が完成する。

　水上～土合間の湯檜曽駅は、上越線開業時から湯檜曽ループの土合方に設けられていたが、新清水トンネル着工直後の1963（昭和38）年12月、今度は同ループの水上方に新湯檜曽信号場が設置され、同時に水上～同信号場間が複線化される。なお、新湯檜曽信号場は上越線全線複線化と同時に、（新）湯檜曽駅に昇格。同時に（旧）湯檜曽駅は客扱いを廃止し、北湯檜曽信号場になる。

　新清水トンネルは、その新湯檜曽信号場手前からループ線を使うことなく、直接谷川連峰のトンネル入り口に突入。土合駅を過ぎてからは、単線の2つのトンネルが山中を並走する形で、土樽駅手前の明かり区間に出る。このため新トンネルの全長は13,500mとなり、（新）湯檜曽と土合の下りホームはトンネル内に設置される。（新）湯檜曽の上下ホーム間は、横坑を利用した地下通路で結ばれるが、上下線が分岐した直後のため、高低差はない。

　しかし、土合の場合は地平の上りホームと、下りホームとは上下線の間隔が約500m、高低差が82.5kmに及ぶため、駅舎からトンネル内の下りホームに向かうには、143mの連絡通路と斜坑内338m・462段の階段を使うしかなかった。このため、有人駅時代の土合では、下り列車の改札は発車10分前に打ち切りという処置がとられた。当時の土合駅は谷川岳への登山客で賑わっていたため、列車下車後の階段登りは登山へのウォーミングアップでもあった。

　新清水トンネル開業2日後の1967（昭和42）年10月1日、上越線全線複線化に伴うダイヤ改正が実施され、特急「とき」は下り4時間30分・上り4時間34分、急行「佐渡」は下りが5時間05分・上りは5時間10分が標準到達時分になる。上下列車で5分前後の差があるのは、下り列車が湯檜曽駅手前からそのままトンネルに直進するのに対し、上り列車は従来通り清水トンネルを抜けたあとは、ループ線を通過して湯檜曽駅に向かうため、湯檜曽～土樽間の距離は下り線よりも3.4km長く、ループ線区間ではスピードが制限されるのが理由である。

　この改正での列車配列等は従来通りだが、特急下り「第3とき」と上り「第1とき」が東京に乗入れる。ビジネス客の長年の要望に応えたもので、東海道新幹線にも接続したが、名古屋や新大阪（大阪）などで実施されている、在来線特急との乗り継ぎ割引は適

用されなかった。列車編成面では急行「鳥海」の1等車を1両に削減。寝台急行「天の川」2等寝台車の冷房化が実施される。

この改正における時刻は時刻表―⑥の通り。急行「鳥海」と「天の川」の編成図は次のようになる。

時刻表―⑥　東京（上野）―新潟・金沢・秋田間急行列車時刻の変遷（6）

1967(昭和42)年10月1日													
列車番号	701M	2001M	703M	801D	2003M	705M	707M	2005M	709M	801	1601	1709M	701
種別	急行	特急	急行	急行	特急	急行	急行	特急	急行	急行	急行	急行	急行
列車名	第1佐渡	第1とき	第2佐渡	鳥海	第2とき	第3佐渡	第4佐渡	第3とき	第5佐渡	羽黒	北陸	越路	天の川
形式・編成両数	165系⑬	181系⑩	165系⑬	58系⑪	181系⑩	165系⑬	165系⑬	181系⑩	165系⑬	一般形⑪	一般形⑬	165系⑬	一般形⑨
連結車種	ビ	シ	ビ		シ	ビ	ビ	シ	ビ	Bロネ・ハネ	Bロネ・ハネ	ビ(休)	Bロネ・ハネ
上　野　発	7 12	8 05	9 03	10 20	11 45	13 00	15 30	16 45	18 03	21 00	21 26	22 29	22 50
大　宮　〃	7 40	8 33	9 39	10 56	↓	13 37	16 08	↓	18 35	21 36	22 02	23 03	23 28
高　崎　〃	8 42	9 31	10 41	11 56	13 12	14 40	17 08	18 10	19 34	22 50	23 16	0 28	0 46
水　上　〃	9 41	↓	11 35	12 58	14 01	15 35	18 06	18 59	20 29	0 01	0 26	1 44	2 12
越後湯沢〃	10 10	10 46	12 04	13 28	14 26	16 03	18 34	↓	21 00	↓	↓	2 22	2 51
長　岡　着	11 12	11 39	13 06	14 32	15 20	17 06	19 34	20 19	22 04	1 54	2 14	3 59	4 45
東三条　発	11 40	↓	13 30	15 00	15 40	17 29	19 58	20 40	22 30	2 35	〃	4 45	5 23
新　津　着	12 01	12 21	13 52	15 24	16 00	17 49	20 20	21 00	22 52	3 01	〃	5 14	5 52
新　潟	12 17	12 35	14 08	15 39	16 15	18 05	20 35	21 15	23 09	〃	〃	5 38	6 10
羽越方面				秋田						秋田			
終着				20 31						8 56			
北陸方面											金沢		
終着											8 01		
備考				白新線経由				東京発 16 38					寝台列車
列車番号	702M	2002M	704M	706M	802D	2004M	708M	710M	2006M	1710M	702	1602	802
種別	急行	特急	急行	急行	急行	特急	急行	急行	特急	急行	急行	急行	急行
列車名	第1佐渡	第1とき	第2佐渡	第3佐渡	鳥海	第2とき	第4佐渡	第5佐渡	第3とき	越路	天の川	北陸	羽黒
形式・編成両数	165系⑬	181系⑩	165系⑬	165系⑬	58系⑪	181系⑩	165系⑬	165系⑬	181系⑩	165系⑬	一般形⑨	一般形⑬	一般形⑪
連結車種	ビ	シ	ビ	ビ		シ	ビ	ビ	シ	ビ(休)	Bロネ・ハネ	Bロネ・ハネ	Bロネ・ハネ
羽越方面					秋田								秋田
始発					6 48								19 05
北陸方面												金沢	
始発												20 00	
新　潟　発	7 10	8 05	9 15	11 05	11 55	13 45	14 45	16 42	17 35	22 45	23 00	〃	〃
新　津　〃	7 25	8 18	9 30	11 20	12 10	13 58	15 03	16 56	17 49	23 10	23 22	〃	0 41
東三条　〃	7 48	9 39	9 53	11 43	12 35	↓	15 29	17 18	18 10	23 37	23 52	〃	1 07
長　岡　〃	8 12	8 59	10 15	12 05	13 00	14 38	15 50	17 43	18 30	0 05	0 30	1 18	1 40
越後湯沢〃	9 17	↓	11 37	13 07	14 09	15 36	16 51	18 46	19 27	↓	2 12	↓	3 09
水　上　〃	9 51	10 25	11 53	13 45	14 55	16 08	17 24	19 23	20 13	2 50	3 06	3 41	4 00
高　崎　〃	10 45	11 17	12 51	14 42	15 51	17 00	18 19	20 19	20 48	3 57	4 05	4 46	5 02
大　宮　着	11 44	↓	13 48	15 41	16 51	17 53	19 17	21 17	↓	5 04	5 14	6 03	6 09
上　野　〃	12 20	12 40	14 25	16 16	17 26	18 20	19 52	21 57	22 10	5 41	5 53	6 42	6 48
備考		東京着 12 47									寝台列車		

上越線全線を走行する定期列車を原則として表示。
連結車種欄　Bロネ=1等寝台車B室　ハネ=2等寝台車　シ=食堂車　ビ=ビュフェ付き車両

急行・鳥海（1967.10.1）

← 802D 上野行き　　　　　　　　　　　　　　　　　　　　　　　　　　801D 秋田行き →

	①	②	③	④	⑤	⑥	⑦	⑧	⑨	⑩	⑪
	自2等	自2等	自2等	自2等	指1等	指2等	指2等	自2等	自2等	自2等	自2等
	キハ58	キハ28	キハ58	キハ58	キロ28	キハ58	キハ58	キハ58	キハ58	キハ28	キハ58
	上野~秋田						上野~新潟				

急行・天の川

← 702レ 上野行き　　　　　　　　　　　　　　　　　701レ 新潟行き →

	①	②	③	④	⑤	⑥	⑦	⑧
	郵便	1等寝台B	2等寝台	2等寝台	2等寝台	2等寝台	2等寝台	2等寝台
		オロネ10	スハネ16	スハネ16	スハネ16	スハネ16	スハネ16	オハネフ12

04 上越線電車特急全盛時代

特急「とき」・急行「佐渡」のスピードアップ

　国鉄の収支は1965（昭和40）年度から赤字に転落したが、在来線主要幹線の利用客は年々増加の一途をたどっていた。そのため同年を初年度として、複線化や電化、線路強化を柱とする第3次長期計画を遂行し、4年目になって工事がほぼ終了したため、1968（昭和43）年10月1日に全国的なダイヤ改正を実施する。

　この改正では、全国主要幹線での特急増発や優等列車全体のスピードアップのほか、旅客営業面では、実質的に使命を終えた準急の廃止と、乱造気味とも思われる列車名の整理・統合。それに、第1・第2と、1号・2号とが混在する列車号数番号の1号・2号方式への統一が行なわれる。さらに、あまり目立たないが、従来の不定期列車に替わる季節列車新設によ

る波動輸送体制の確立のほか、列車番号は季節列車を6000・7000代、臨時列車を8000・9000代にまとめるなど、一般客のみならず国鉄部内にも分かりやすいものに改善が図られる。

　全国規模のダイヤ改正は、ふつう4または5年ごとに実施されるが、この改正は先の1961（昭和36）年10月並みに規模が大きく話題も豊富なため、年号から「ヨンサントオ」と呼ばれ、戦後国鉄の大改正の一つとして後世にまで讃えられた。

　この改正で、上野～新潟間では特急「とき」が東北本線の「ひばり」同様5往復に、急行「佐渡」は号数だけでは、上下とも8号にまで膨れ上がる。数字だけでは大盤振舞だが、実際には「とき」は増発の2往復が季節列車なので、定期は3往復の現状維持。「佐渡」は夜行の「越路」を編入した本数で、1～8号の中には欠番のほか、季節列車も2往復設定さ

1968年10月改正で上野～新潟間電車急行の総称列車名になった「佐渡」。1970年頃までは、東海道・山陽・九州方面の電車急行に類似した大型のヘッドマークを付けて運転されていた。
◎6704M　新潟発上野行き急行「佐渡2号」165系電車13連　1969.8.23　高崎　撮影：寺本光照

時刻表―⑦　東京（上野）―新潟・金沢・秋田間急行列車時刻の変遷（7）

1968(昭和43)年10月1日

	701M	2001M	703M	6003M	801D	2005M	705M	6007M	707M	2009M	6703M	6601	801	1601	701	709M	6705M
種別	急行	特急	急行	特急	急行	特急	急行	特急	急行	特急	急行	急行	急行	急行	急行	急行	急行
列車名	佐渡1号	とき1号	佐渡2号	とき2号	鳥海1号	とき3号	佐渡3号	とき4号	佐渡5号	とき5号	佐渡6号	北陸1号	鳥海1号	北陸2号	天の川	佐渡7号	佐渡8号
形式・編成両数	165系⑬	181系⑩	165系⑬	181系⑩	58系⑪	181系⑩	165系⑬	181系⑩	165系⑬	181系⑩	165系⑬	一般形⑫	一般形⑬	一般形⑫	一般形⑬	165系⑬	165系⑬
連結車種	ビ	シ	ビ	シ		シ	ビ	シ	ビ	シ	ビ	ハネ	Bロネ・ハネ	Bロネ・ハネ	Bロネ・ハネ	ビ(休)	ビ(休)
上野　発	7 00	8 05	9 04	10 00	10 50	13 05	13 40	15 05	16 50	18 07	18 12	20 00	21 00	21 28	22 48	23 11	23 21
大宮　〃	7 25	8 27	9 26	10 22	11 16	↓	14 03	↓	17 13	↓	18 39	20 28	21 28	21 56	23 16	23 40	23 50
高崎　〃	8 20	9 16	10 22	↓	12 17	14 15	15 00	16 16	18 10	↓	19 38	21 36	22 38	23 03	0 36	0 54	1 13
水上　〃	9 11	↓	11 14	11 54	13 09	15 00	15 49	16 59	19 01	19 59	20 32	22 43	23 48	0 12	1 55	2 10	2 29
越後湯沢〃	9 38	10 22	11 40	12 17	13 44	15 22	16 22	17 22	19 27	↓	20 58	↓		↓	2 32	2 44	3 06
長岡　着	10 35	11 13	12 40	13 09	14 38	16 14	17 16	18 14	20 25	21 11	21 49	0 22	1 29	1 59	3 59	4 09	4 29
東三条　発	10 58	↓	13 01	↓	15 00	16 32	17 36	↓	20 48	21 29	22 21	//	2 10	//	4 34	4 46	4 57
新津　着	11 20	11 52	13 23	↓	15 22	16 52	17 57	↓	21 10	21 49	22 43	//	2 38	//	5 02	5 12	5 21
新潟　〃	11 35	12 05	13 39	14 00	15 40	17 05	18 13	19 05	21 25	22 02	22 57	//	//	//	5 20	5 27	5 35
羽越方面					秋田								秋田				
終着					20 20								8 47				
北陸方面												福井		金沢			
終着												7 14		7 55			
備考				季節列車	白新線経由			季節列車		東京発18 00	季節列車	季節列車		寝台列車	寝台列車		季節列車

	702M	2002M	704M	6004M	6704M	802D	2006M	706M	6008M	6706M	708M	2010M	710M	702	6602	1602	802
種別	急行	特急	急行	特急	急行	急行	特急	急行	特急	急行	急行	特急	急行	急行	急行	急行	急行
列車名	佐渡1号	とき1号	佐渡3号	とき2号	佐渡4号	鳥海1号	とき3号	佐渡5号	とき4号	佐渡6号	佐渡7号	とき5号	佐渡8号	天の川	北陸1号	北陸2号	鳥海3号
形式・編成両数	165系⑬	181系⑩	165系⑬	181系⑩	165系⑬	58系⑪	181系⑩	165系⑬	181系⑩	165系⑬	165系⑬	181系⑩	165系⑬	一般形⑫	一般形⑨	一般形⑪	一般形⑬
連結車種	ビ	シ	ビ	シ	ビ		シ	ビ	シ	ビ	ビ	シ	ビ(休)	Bロネ・ハネ	ハネ	Bロネ・ハネ	Bロネ・ハネ
羽越方面						秋田											秋田
始発						7 00											19 05
北陸方面															福井	金沢	
始発															18 35	20 15	
新潟　発	7 00	8 00	9 00	10 00	10 44	12 06	13 00	14 00	15 00	15 30	16 55	18 00	22 55	23 05	//	//	//
新津　〃	7 14	8 12	9 14	↓	10 57	12 20	13 12	14 14	↓	15 44	17 09	18 12	23 16	23 25	//	//	0 43
東三条　〃	7 36	↓	9 37	↓	11 21	12 44	13 32	14 37	↓	16 07	17 27	↓	23 40	23 53	//	//	1 09
長岡　〃	7 58	8 50	9 58	10 50	11 43	13 06	13 50	14 58	15 52	16 28	17 51	18 51	0 05	0 35	0 46	1 31	1 44
越後湯沢〃	9 00	↓	11 00	11 41	12 46	14 14	14 41	16 01	16 43	17 27	18 50	19 42	1 32	2 05	↓	↓	3 10
水上　〃	9 35	10 12	11 35	12 12	13 22	15 01	15 11	16 38	17 14	18 02	19 24	↓	2 12	2 54	3 07	3 45	3 57
高崎　〃	10 25	↓	12 28	12 57	14 12	16 00	15 57	17 34	18 04	18 54	20 13	20 55	3 14	3 53	4 09	4 48	5 01
大宮　着	11 19	↓	13 20	↓	15 07	16 55	↓	18 26	↓	19 45	21 06	21 43	4 31	5 10	5 10	6 05	6 15
上野　〃	11 44	12 00	13 48	14 05	15 32	17 22	17 05	18 50	19 05	20 09	21 34	22 05	5 00	5 40	5 54	6 34	6 42
備考		東京着12 07		季節列車	季節列車	白新線経由			季節列車	季節列車				寝台列車	季節列車	寝台列車	

上越線全線を走行する定期列車と運転日の多い季節列車を表示。
連結車種欄　Bロネ＝1等寝台車B室　ハネ＝2等寝台車　シ＝食堂車　ビ＝ビュフェ付き車両　　（休）は営業休止
　　　　　記載なしは1・2等座席車のみで編成される列車

急行　佐渡（7往復）（1968.10.1）

← 上野行き　　　　　　　　　　　　　　　　　　　　　　　　新潟行き →

①	②	③	④	⑤	※⑥	⑦	⑧	⑨	増	⑩	⑪	⑫
指2等	指2等	自2等	指1等	自1等	自2等・ビ	自2等	自2等	自2等	自2等	自2等	自2等	自2等
クハ165	モハ164	クモハ165	サロ165	サハシ165	クハ165	モハ164	クモハ165	クハ165		クハ165	モハ164	クモハ165

※下り7・8号、上り8号の⑥号車ビュフェは営業休止

れているので、定期となると5往復運転で、本数だけでは改正前よりも1往復減だった。

　これは、季節による旅客波動の激しい上越線ならではのダイヤ設定でもあった。今まで"親方日の丸"で、大らかなダイヤを組んできた国鉄も、無駄な経費を抑えるため、旅客流動に合わせたダイヤへの転換を図ったのである。

　そうした、「とき」と「佐渡」だが、この改正による上野〜新潟間での線路強化完成に伴い、電車特急は120km/h、電車急行は110km/h（ただし、高崎〜新潟間は100km/h）に最高速度が許容された結果、最速列車だけを見ると、下り「とき5号」は所要3時間55分で表定速度84.3km/h、同「佐渡3号」は4時間33分で表定速度71.5km/hになる。「とき」の80km/hを優に超えるスピードは、数年前の東海道電車特急並みで、勾配路線では夢のような数字だが、

「佐渡」も改正前の「とき」に劣らぬすばらしい走りだった。

「羽黒」との列車名統合で、「鳥海1―1号」の号数番号を持った気動車急行は、車両性能との関係で、全区間での最高速度が95km/hに抑えられたが、それでも上野～新潟間を4時間台で走破するという頑張りを見せた。夜行急行については「越路」と「羽黒」の列車名が姿を消すが、「天の川」は寝台専用のせいか、「佐渡」への統合を免れた。

こうしたダイヤ改正だが、列車編成となると大部分は従来通りで、電車急行「佐渡」だけが2等指定席の両数を2両に増強。さらに旧⑩号車を増号車とし、旧⑪～⑬号車を⑩～⑫号車に変更する。この措置は冬季を中心とする閑散期に、減車運転を行う狙いがあったものと思われる。この改正での時刻は時刻表―⑦に記す。急行「佐渡」の編成は下記の通りである。

大阪・長野から新潟への架線がつながる

国鉄の旅客車は鉄道創業時以来、等級制がとられていたが、1等車は運賃・料金ともに2等車の約2倍の高額であるため、全体的に利用率が芳しくなく、しかも運賃計算が煩雑なので、部内でも改善を求める動きが起こっていた。そこで、1969（昭和44）年5月10日の運賃・料金改訂を機に、従来の1・2等制を廃止。旅客運賃を旧2等を基準としたモノクラス制として、旧1等車は、料金制の特別車両（グリーン車）に改称される。寝台車も1等はA寝台、2等はB寝台となり、値段の計算は簡単になるが、グリーン券やA寝台券はそれなりに値段が高く、乗車券とのトータルでは改訂前とさほど変わらなかった。

ところで、東京都内を始終着とする181系特急は旧151・161系時代から一括して田町電車区に配置されていたが、1969年7月1日から「とき」「あずさ」用車は新潟、「あさま」用車は長野の各運転所に移管される。同年3月1日に東京鉄道管理局が、東京北・東京南・東京西の管理局に分割され、都内では「とき」と「あさま」は東京北局、「あずさ」は東京西局内の線路を走行することになったため、東京南局管内の田町区は、局外を走る電車を受け持つよりも、東海道本線の通勤輸送に力を注ぐというのが、181系の地方転出の理由だった。だが、181系のうち車齢の若い100番代は、その大半が長野所に移籍したため、新潟所は「こだま」で登場した旧20系の“10年選手”の面倒も見なければならず、これが後々にまで、尾を引く結果を招くことになる。

第3次長期計画の仕上げというべき信越本線の全線電化は1969年8月24日、北陸本線の全線複線電化は9月29日に完成し、新潟へは長野・大阪からも電気車の直通が可能になる。この両線電化に伴うダイヤ改正は1969年10月1日に実施され、上越線特急では、「とき」の季節列車2往復が定期に格上げされるほか、上野～秋田間に「鳥海2―3号」と同じ経路で「いなほ」が新設される。キハ81形を先頭とする80系気動車7両編成である。また、従前の上野～金沢間を信越本線経由で結ぶ気動車特急「はくたか」は、485系電車化に際し、上越線経由に変更される。信越本線では急行輸送力増強のため、横川～軽井沢間をEF63と協調運転で、12両走行が可能な169系が1968年10月改正から運転を開始していたが、485系では最大8両に抑えられるため、向日町運転所の11両編成車が、そのままでの走行が可能な上越線に活躍の場を求めたのである。

この改正で、特急のバリエーションが豊富になった上越線だが、急行は運転日が少ない「佐渡4―2号」が廃止。「鳥海1―1号」も上野～新潟間が季節列車に格下げされた。

上野～新潟間特急、定期で急行の本数を抜く

「いなほ」と「はくたか」の新設により、上野～長岡間では特急7往復体制となった上越線では、新潟直通特急の増強を図るべく、1970（昭和45）年10月1日改正では、下りは特急群の最終、上りは先頭になるダイヤで「とき6―1号」が新設される。上りは長岡まで6時台を走るので時間的に厳しいが、東京都内での滞在が9時間以上も可能なので、ビジネス客

急行　佐渡（6往復）（1970.10.1）

← 上野行き　　　　　　　　　　　　　　　　　　　　　　　　　　　　　　新潟行き →

①	②	③	④	⑤	※⑥	⑦	⑧	⑨	⑩	⑪	⑫	⑬
指	指	指	指G	指G	自・ビ	自	自	自	自	自	自	自
クハ165	モハ164	クモハ165	サロ165	サロ165	サハシ165	クハ165	モハ164	クモハ165	クハ165	クハ165	モハ164	クモハ165

※上下とも6号の⑥号車ビュフェは営業休止

時刻表一⑧　東京(上野)ー新潟・金沢・秋田間急行列車時刻の変遷(8)

1970(昭和45)年10月1日

下り（東京・上野発 → 新潟・金沢・秋田方面）

列車番号	種別	列車名	形式・編成両数	連結車種	上野発	大宮〃	高崎〃	水上〃	越後湯沢〃	長岡着	東三条〃	新津〃	新潟着	羽越方面終着	北陸方面終着	備考
701M	急行	佐渡1号	165系⑬	ビ	7:00	7:25	8:20	9:11	9:37	10:35	10:58	11:20	11:35			
1021M	特急	はくたか	485系⑪	シ	7:50	→	9:01	→	→	10:58					金沢 14:25	
2001M	特急	とき1号	181系⑩	シ	8:05	8:27	9:17	10:22	→	11:13	11:31	11:52	12:05			
703M	急行	佐渡2号	165系⑬	ビ	9:04	9:26	10:24	11:14	11:39	12:38	12:58	13:21	13:35			
2003M	特急	とき2号	181系⑩	シ	10:50	11:10	12:42	13:06	→	13:58	14:17	→	14:50			
6801D	急行	鳥海1号	58系⑪	ビ	10:53	11:18	12:17	13:09	13:39	14:38	15:00	15:23	15:40	秋田 20:20		新潟まで季節列車
2005M	特急	とき3号	181系⑩	シ	13:05	→	14:15	15:00	15:23	16:14	16:32	16:52	17:05			
2011D	特急	いなほ	80系⑦	シ	13:50	→	15:04	15:54	→	17:12	→	17:53		秋田 22:00		
705M	急行	佐渡3号	165系⑬	ビ	14:00	14:23	15:22	16:14	16:41	17:41	18:02	18:25	18:38			
2007M	特急	とき4号	181系⑩	シ	15:05	→	16:16	16:59	17:22	18:14	→	→	19:05			
707M	急行	佐渡4号	165系⑬	ビ	16:51	17:13	18:10	19:01	19:27	20:26	20:48	21:10	21:25			
2009M	特急	とき5号	181系⑩	シ	18:07	→	19:59	→	→	21:11	21:29	21:49	22:02			東京発 18:00
6701M	急行	佐渡5号	165系⑬	ビ	18:12	18:39	19:38	20:32	20:58	21:59	22:21	22:43	22:59			季節列車
2011M	特急	とき6号	181系⑩	シ	19:45	→	21:37	→	→	22:50	23:07	23:27	23:40			
6601	急行	北陸1号	一般形⑫	ハネ	20:00	20:27	21:36	22:43	→	0:22	→	→	→		福井 6:33	季節列車
801	急行	鳥海2号	一般形⑫	ロネ・ハネ	21:00	21:28	22:38	23:48	→	1:26	2:10	2:39	→	秋田 8:30		
1601	急行	北陸2号	一般形⑬	ロネ・ハネ	21:28	21:56	23:05	0:12	→	1:59	→	→	→		金沢 6:55	季節列車
701	急行	天の川	一般形⑨	ロネ・ハネ	22:48	23:16	0:36	1:54	2:31	3:53	4:29	4:57	5:15			
709M	急行	佐渡6号	165系⑬	ビ(休)	23:20	23:48	1:16	2:29	3:06	4:19	4:49	5:12	5:27			

上り（新潟・金沢・秋田方面 → 東京・上野着）

列車番号	種別	列車名	形式・編成両数	連結車種	羽越方面始発	北陸方面始発	新潟発	新津〃	東三条〃	長岡〃	越後湯沢〃	水上〃	高崎〃	大宮〃	上野着	備考
2002M	特急	とき1号	181系⑩	シ			6:00	6:13	6:33	6:51	→	8:02	8:50	9:38	10:05	
702M	急行	佐渡1号	165系⑬	ビ			7:05	7:18	7:40	8:02	9:04	9:38	10:27	11:20	11:43	
2004M	特急	とき2号	181系⑩	シ			8:00	8:12	→	8:50	→	10:12	11:00	11:43	12:00	東京着 12:07
704M	急行	佐渡2号	165系⑬	ビ			9:00	9:14	9:37	9:58	11:00	11:35	12:29	13:20	13:48	
2006M	特急	とき3号	181系⑩	シ			10:00	10:32	10:50	11:41	→	12:12	12:57	13:50	14:05	
6702M	急行	佐渡3号	165系⑬	ビ			11:15	11:28	11:50	12:12	13:15	13:50	14:46	15:38	16:06	新潟から季節列車
2008M	特急	とき4号	181系⑩	シ			13:00	13:12	13:32	13:50	→	15:11	15:56	16:44	17:05	
2012D	特急	いなほ	80系⑦	シ	秋田 9:25		13:26	13:32	→	15:39	→	16:27	17:14	→	17:40	
706M	急行	佐渡4号	165系⑬	ビ			14:00	14:14	14:37	14:58	16:00	16:38	17:34	18:26	18:51	
2010M	特急	とき5号	181系⑩	シ			15:00	→	15:52	16:44	17:14	18:43	19:05	→	19:42	
1022M	特急	はくたか	485系⑪	シ		金沢 13:30									20:10	
708M	急行	佐渡5号	165系⑬	ビ			16:55	17:09	17:29	17:51	18:50	19:24	20:13	21:06	21:34	
2012M	特急	とき6号	181系⑩	シ			18:00	18:13	18:33	18:51	19:42	20:55	21:43	22:05		
710M	急行	佐渡6号	165系⑬	ビ(休)			19:05	→	→	→	→	→	→	→		
702	急行	天の川	一般形⑨	ロネ・ハネ	秋田		20:55	→	→	→	→	→	→	→	6:43	
6602	急行	北陸1号	一般形⑫	ハネ		福井 19:05									6:34	季節列車
1602	急行	北陸2号	一般形⑬	ハネ		金沢 20:55									5:54	季節列車
802	急行	鳥海	一般形⑬	ロネ・ハネ	秋田 19:05		23:05	23:25	23:53	0:35	2:05	2:54	3:54	5:10	5:39	寝台列車

上越線全線を走行する定期列車と運転日の多い季節列車を表示。　(休)は営業休止

連結車種欄　ロネ=A寝台車　ハネ=B寝台車　シ=食堂車　ビ=ビュフェ付き車

記載なしはグリーン車と普通車だけで編成される列車

や観光客から喜ばれた。「とき」の躍進に対し、急行「佐渡」は、この改正でも季節列車の下り7号（夜行）と上り5号が、号数番号50代の臨時列車に格下げになり、ともに6往復で並ぶ。しかし、定期列車本数では「とき」が上回り、上野〜新潟間では特急優位のダイヤが完成する。

上野〜新潟間優等列車の編成は、「とき」と「天の川」はロ形式の名称が変更された以外、1968年10月改正のものを継承するが、この改正から急行用グリーン車は原則として全車座席指定とされたため、「佐渡」は①〜⑤号車が指定席で揃う。「鳥海1—1号」は半室座席指定の④号車が、全室座席指定とされた以外1967年10月と同一のため、編成図は省略する。「佐渡」6往復の編成は次の通り。1970年10月改正での全体の列車時刻を時刻表一⑧に示す。

話は一転して新幹線に目を移すと、当時東海道新幹線の山陽区間への延長として、岡山までの開業が急がれていた。だが、東海道・山陽両新幹線を含め、国土の均衡ある発展を期するため、1985（昭和60）年度を目標として、全国に約7200kmの新幹線鉄道網を整備するという計画が立てられる。こうした中、1970年5月に「全国新幹線鉄道整備法」が国会で可決成立し、新幹線鉄道の建設は国の施策として進めることが決定する。

そして、それを受ける形で1971（昭和46）年4月に東北新幹線（東京都〜盛岡市間）、上越新幹線（東京都〜新潟市間）、成田新幹線（東京都〜成田市間）の基本計画が決定。3新幹線とも1976（昭和51）年度の完成を目標とし、上越新幹線は1971年12月9日に群馬・新潟県境の大清水トンネル建設予定地で着工式が挙行された。

1972年3月改正で「とき」の等時隔運転化実現

山陽新幹線新大阪〜岡山間開業の1972（昭和47）年3月15日には、3年半ぶりに全国規模のダイヤ改正が実施される。特に上野から大宮まで複線の線路を共有する東北・高崎線では、優等列車の増発に効率的に対処するため、ダイヤグラムを白紙に戻し、東北・高崎（上信越）線とも、日中1時間当たり2本の特急運転が可能な、等時隔ダイヤ（規格ダイヤ）が設定される。

この改正で上越線特急「とき」は1往復増にとどまるが、原則として下り上野発は毎時30分、上り新潟発は同40分のダイヤが出来上がり、利便性が向上する。さらに白紙改正の利点を活かしたスピードアップも実施され、起終点間を3時間51分で結ぶ下り5〜7号の表定速度は85.8km/hに達し、在来線時代としての最速記録となる。上り列車はループ線を通過する関係で4時間を切るのは至難とされていたが、それでも全列車とも3時間59分となり、列車のイメージアップに貢献した。

急行では「佐渡」は現状維持の6往復だが、こちらもスピードアップで、最速の下り2号は4時間27分で結ぶ。表定速度は74.3km/hで急行としてはAクラスの存在で、全区間の通し乗客はもとより、短距離客からも、かつての準急並みの気軽な料金で乗車できることで人気が高かった。また、13両の中間に運転台が目立った編成も、⑦号車に関西から転属のサハ165が入ったことで、幹線電車急行にふさわしい落ち着きが感じられるようになる。

夜行では寝台急行「天の川」が新潟から白新線

急行　佐渡（6往復）（1972.3.15）

← 上野行き　　　　　　　　　　　　　　　　　　新潟行き →

①	②	③	④	⑤	※⑥	⑦	⑧	⑨	⑩	⑪	⑫	⑬
指	指	指	指G	指G	自・ビ	自	自	自	自	自	自	自
クハ165	モハ164	クモハ165	サロ165	サロ165	サハシ165	シハ165	クハ165	モハ164	クモハ165	クハ165	モハ164	クモハ165

※上下とも6号車の⑥号車ビュフェは営業休止

急行　鳥海（上下とも1号）

← 802D～6802D・7301D～6802D 上野行き　　　6801D～801D 秋田行き・6801D～7302D 柏崎行き →

①	②	③	④	⑤	⑥	⑦	⑧	⑨	⑩	⑪
自	自	自	自	自	自	自	指G	指	自	自
キハ58	キハ28	キハ58	キハ58	キロ28	キハ58	キハ58	キロ28	キハ58	キハ58	キハ58

上野〜柏崎　　　　　　　　　上野〜秋田　　　　　　　　　上野〜新潟

急行・天の川

← 802レ 上野行き　　　　　　　　　　　　　　　803レ 秋田行き →

郵便	①	②	③	④	⑤	⑥	⑦	⑧	⑨	⑩	⑪	⑫
郵便	B寝台	A寝台	B寝台	B寝台	B寝台	B寝台	A寝台	B寝台	B寝台	B寝台	B寝台	B寝台
オユ10	オハネフ12	オロネ10	スハネ16	スハネ16	スハネ16	オハネフ12	オロネ10	スハネ16	スハネ16	スハネ16	スハネ16	オハネフ12

上野〜新潟　　　　　　　　　上野〜秋田　　　　　　　　　上野〜新潟

時刻表-⑨ 東京(上野)-新潟・金沢・秋田間急行列車時刻の変遷(9)

1972(昭和47)年3月15日

下り（東京(上野)→新潟・金沢・秋田方面）

列車番号	種別	列車名	形式・編成両数	連結車種	上野 発	大宮	高崎	水上	越後湯沢	長岡 着	長岡 発	東三条	新津	新潟 着	羽越方面終着	北陸方面終着	備考
701M	急行	佐渡1号	165系⑬	ビ	6 49	7 15	8 11	9 02	9 27	10 24	10 46	11 05		11 19			
2001M	特急	とき1号	181系⑪	シ	7 30	7 52	8 41	9 47	→	10 35	10 53			11 23			
3001M	特急	はくたか	485系⑪	シ	8 30	→	9 41	→	→	11 33	↓	↓	↓	↓		金沢 14 50	
703M	急行	佐渡2号	165系⑬	ビ	8 52	9 15	10 12	11 02	11 26	12 24	12 43	13 05		13 19			
2003M	特急	とき2号	181系⑩	シ	9 30	9 52	10 41	11 25	11 48	12 36	12 53			13 23			
2005M	特急	とき3号	181系⑬	シ	11 30	→	12 41	13 25	13 47	14 34	14 52	15 11		15 23			
6801D	急行	鳥海1号	58系⑧	ビ	10 34	11 00	12 01	12 57	13 28	14 44	15 10	15 34		15 50	秋田 20 29		新潟まで季節列車
705M	急行	佐渡3号	165系⑬	ビ	13 47	14 12	15 12	16 01	16 27	17 26	17 48	18 09		18 22			
2007M	特急	とき4号	181系⑩	シ	13 30	→	15 23	15 46	→	16 35	16 51	17 11		17 23			
2011M	特急	いなほ	80系⑨	シ	14 30	→	15 44	16 32	→	17 50				18 27	秋田 22 30		
2009M	特急	とき5号	181系⑩	シ	16 30	16 52	17 41	18 25	18 47	19 35				20 21			
707M	急行	佐渡4号	165系⑬	ビ	16 49	17 15	18 12	19 01	19 26	20 25	20 46	21 07		21 20			
2011M	特急	とき6号	181系⑩	シ	18 05	→	19 15	20 01	→	21 09	21 26	21 44		21 56			
6709M	急行	佐渡5号	165系⑬	ビ	18 19	18 45	19 40	20 30	20 55	21 55	22 15	22 36		22 51			季節列車
2013M	特急	とき7号	181系⑪	シ	19 32	→	→	21 23	22 36	22 52	23 11	23 23		23 23			
6601	急行	北陸1号	一般形⑪	ビ(休)	19 50	20 17	21 30	22 33	→	0 16						福井 6 30	季節列車
801	急行	鳥海2号	一般形⑫	ハネ	21 05	21 30	22 39	23 45	→	1 29	2 12	2 40			秋田 8 30		寝台列車
3605	急行	北陸2号	一般形⑬	ロネ・ハネ	21 40	22 05	23 08	0 12	→	2 00	→	→	→			金沢 6 54	寝台列車・季節列車
803	急行	天の川	一般形⑬	ロネ・ハネ	22 39	23 06	0 29	1 41	→	3 38	4 13	4 40	→	4 57	秋田 10 30		寝台列車
711M	急行	佐渡6号	165系⑬	ビ(休)	23 20	23 48	1 16	2 27	3 05	4 19	4 49	5 12		5 30			

上り（新潟・金沢・秋田方面→東京(上野)）

列車番号	種別	列車名	形式・編成両数	連結車種	羽越方面始発	北陸方面始発	新潟 発	新津	東三条	長岡	越後湯沢	水上	高崎	大宮	上野 着	備考
2002M	特急	とき1号	181系⑪	シ			6 40	6 52	7 11	7 27	→	8 45	9 43		10 46	
702M	急行	佐渡1号	165系⑬	ビ			7 50	8 03	8 24	8 45	9 43	10 12	11 02	11 30	12 39	
2004M	特急	とき2号	181系⑩	シ			8 40	8 52	9 11	9 28	→	10 45	11 30	11 57	12 39	
704M	急行	佐渡2号	165系⑬	ビ			9 50	10 03	10 25	10 44	11 41	12 12	13 02	13 57	14 23	
2006M	特急	とき3号	181系⑩	シ			10 40	→	11 11	11 28	12 17	12 45	13 30		14 39	
6802D	急行	鳥海1号	58系⑧	ビ	秋田 7 10		11 45	11 59	12 21	12 42	13 43	14 14	15 02	15 57	16 23	新潟から季節列車
6706M	急行	佐渡3号	165系⑬	ビ			11 45	11 59	12 21	12 42	13 43	14 14	15 02	15 57	16 23	新潟まで季節列車
708M	急行	佐渡4号	165系⑬	ビ			13 50	14 03	14 25	14 44	15 41	16 13	17 02	17 57	18 23	
2008M	特急	とき4号	181系⑩	シ			12 40	12 52	13 11	13 28	14 15	14 45	15 30		16 39	
2010M	特急	とき5号	181系⑩	シ			14 40	14 52	→	15 28	16 16	16 45	17 16	17 57	18 39	
710M	急行	佐渡5号	165系⑬	ビ			16 50	17 03	17 23	17 43	18 42	19 12	20 02	20 57	21 21	
2012M	特急	とき6号	181系⑩	シ			16 40	→	17 11	17 28	18 15	18 45	20 17	20 39		
3002M	特急	はくたか	485系⑪	シ		金沢 15 15				18 32	→	→	20 30	21 30	21 21	
2014M	特急	とき7号	181系⑪	シ			18 40	18 52	19 11	19 28	→	→	22 17	22 39		
712M	急行	佐渡6号	165系⑬	ビ(休)			22 55	23 13	23 37	0 03	1 29	2 12	3 16	4 30	4 57	
6602	急行	北陸1号	一般形⑪	ビ(休)		福井 6 30										季節列車
3604	急行	北陸2号	一般形⑬	ロネ・ハネ		福井 19 14							3 06	4 08	5 25 / 5 55	寝台列車・季節列車
802	急行	天の川	一般形⑩	ロネ・ハネ	秋田		0 58			3 06	4 08	5 25	5 55			寝台列車
804	急行	鳥海2号	一般形⑩	ハネ	秋田 17 50		23 10	23 31	0 07	0 58	→	→	4 07	5 05	6 15 / 6 42	寝台列車

上越線全線を走行する定期列車と運転日の多い季節列車を表示。
ロネ=A寝台車 ハネ=B寝台車 シ=食堂車 ビ=ビュフェ付き車両 (休)は営業休止
連結車種欄 記載なしはグリーン車と普通車だけで編成される列車

経由で秋田へ延長される。「鳥海2—3（改正後2—2）号」では、時刻が厳しい庄内地区の利用客の利便性を図ったダイヤ設定になるが、その分下りの新潟着時刻が4時台に繰り上がってしまった。

気動車急行「鳥海1—1号」は、編成中に長岡で分岐する直江津行きの「よねやま」を連結する。本体の上野～新潟間が季節列車のため、「よねやま」も同様の扱いだった。この「鳥海1—1号」はさらに観光シーズンには、1971（昭和46）年8月29日に全線開通した只見線只見まで臨時列車として乗入れる。只見線は、小出～大白川間が簡易線規格のローカル線だが、そうした路線に入線できるのも気動車の強みだった。

この1972年3月改正での時刻を時刻表—⑨に示す。急行「佐渡」「鳥海1—1号」「天の川」の編成は下記の通りである。

1972年10月改正でエル特急「とき」誕生

1972（昭和47）年3月改正から半年後の10月2日、羽越本線と白新線電化により、米原～青森間を結ぶ日本海縦貫線の全線電化が完成したことに伴うダイヤ改正が実施される。

上越線では、先のダイヤ改正における「とき」の等時隔運転が好評のため、これを機に「とき」は一挙に3往復が増発され、本数が10往復の大台に乗る。ただし、181系は向日町所からの転属車に耐寒・耐雪改造を施したのちの使用となるため、下り7号と上り5号は12月1日からの運転になる。この改正で上野～秋田間特急「いなほ」は485系電車化され、青森直通列車を含め2往復に増強される。これにより、上野～長岡間では「とき」に「いなほ」と「はくたか」を加えると、6時台から18時台まで、概ね1時間ヘッドの特急ダイヤが完成する。特急増発は、規格ダイヤ導入の成果によるものだった。

ところで、国鉄では上越線をはじめ、山陽本線や東北本線、信越本線、常磐線などで、等時隔運転が完成しているため、当該路線を走る特急に自由席車を連結し、「エル特急」と命名することで利用しやすさをアピールする。上越線ではこの改正から「とき」の⑧～⑩号車が自由席とされたことで、エル特急の指定を受けるが、「はくたか」と「いなほ」は従来通り全車座席指定制を貫いたため、"一般の特急"のままで残された。このエル特急は市販の『時刻表』でも、専用のロゴマークを使って大々的にアピール

されたことで、それを見た旅客からはエル特急の方が、一般の特急よりも格上の列車のように映ったようだが、後の「A特急」と「B特急」のような料金面での格差はないので、当時の特急はすべて同格だったことを付け加えておこう。

なお、10往復になったのを機に「とき」の途中停車駅を下りだけで見ると、全列車停車は長岡だけ、以下8本停車が高崎・水上・東三条、7本が大宮・越後湯沢、6本が新津となる。過半数停車はここまでで、あとは3本が六日町・小出、2本が小千谷、1本だけというのは見附と加茂である。しかし、急行も元気だった当時は、数少ない本数だけの停車であっても、地方の小都市にとって「特急停車駅」に選ばれるのはイメージ向上のほか、観光客の誘致につながるので大変名誉なことだった。

急行では「佐渡2号」（上下とも）が、長岡で進路を西に変更し、上野～直江津間運転になり、列車名を「よねやま」に改称する。「いなほ」増発により廃止された同名の気動車列車の見返りと言えるが、13両編成は豪勢過ぎる感じだった。また、寝台急行「天の川」は秋田編成を増強する。

この1972年10月改正での時刻を時刻表—⑩に示す。特急「とき」、急行「よねやま」「天の川」の編成は下欄の通りである。

半年後の1973（昭和48）年4月1日、1967（昭和42）年10月から実施されている「とき」1往復の東京乗入れが廃止され、「とき」は全列車が上野始終着になる。東京～上野間で東北新幹線工事を行うために、東京駅第7ホーム（⑭⑮番線）の使用を停止し、新幹線ホームに転用するのが理由で、この措置は東北本線などの優等列車も同様だった。

特急「とき」の1時間ヘッド運転実現

上信越線の特急需要は順調に伸び、高崎～渋川間での1972（昭和47）年10月における1日平均利用客は7159人の数字を記録した。特急は「とき」「いなほ」「はくたか」で計13本、1列車当たりの定員を、「とき」が548名、「いなほ」が720名、「はくたか」が616名と概算すると、総輸送力は7536名となり、乗車率は95.0％の高い水準である。自由席を連結する「とき」では、列車によっては⑧～⑩号車のデッキや通路は乗客で溢れ、食堂車も座席にあり付けなかった客で満席になり、ビールや軽食を注文して、テーブルに長く居座ろうとする姿が目に浮かぶようである。

1973年10月改正で13往復になり、ほぼ終日での1時間ヘッド運転が実現した特急「とき」。同じ上野始発の「ひばり」とともに"エル特急・東の横綱"の地位を分け合っていた。
◎2009M　上野発新潟行き特急「とき5号」181系電車10連
1975.4.4　後閑〜上牧
撮影：寺本光照

　1972（昭和47）年3月改正に続く全国ダイヤ改正は、本来なら山陽新幹線が博多開業を迎える1974（昭和49）年度末に実施されるべきところだが、対前年156％といわれる上越線特急利用客の伸びからは、それまで待つことはできなかった。このことは山陽本線や東北本線など、電車特急を運転する幹線区でも同様であるため、1973（昭和48）年10月1日には昼間時間帯に限り、1972年3月の規格ダイヤを一新した新規格ダイヤでの時刻改正がされる。つまり、1年半の間に2度も白紙改正が繰り返されるわけである。

　これにより、高崎線に入る上信越線下り特急は、上野駅では毎時08・34・38分の発車枠が割り当てられた結果、「とき」は時刻表—⑪に示すように13往復に増強され、下りは1号から11号まで上野発毎時38分、上りは全列車が、新潟同50分の完全1時間ヘッドダイヤが実現する。下り最速列車の所要は3時間52分にダウンするが、上りは3時間58分に記録更新したことで、埋め合わせがなされた。

　しかし、規格ダイヤの見直しで割を食ったのが「佐渡」をはじめとする急行群である。従前の改正までは、起終点間を逃げ通すことができるダイヤ設定だったが、この改正からは上下とも後続の「とき」を途中駅で待避することになり、速い方の下りでも上野〜新潟間での所要は4時間53分に後退する。起終点間で1時間以上の差が付くと、「佐渡」での直通客が特急に移行するのは自明の理であった。

　また、165系電車で運転される「佐渡」と「よねやま」では、ビュフェ営業が行われていたが、この改正を機に営業が休止される。ビュフェは立食形式なので、1人で短時間の食事をとるには便利だが、家族やグループでの利用には向かない上に、看板のそばスタンドも、筆者の体験からは駅ホームでの立ち食いの方が、メニューも豊富で味も駅によって特色があるなど、楽しかったような気がする。

　寝台急行「天の川」は特急「とき」増発で、旅客の昼行移行が見込まれるため、秋田直通と新潟回転

特急・とき（10往復）（1972.10.2）

← 上野行き　　　　　　　　　　　　　　　　　　　　　　　　　　　　新潟行き →

①	②	③	④	⑤	⑥	⑦	⑧	⑨	⑩
指	指G	指G	指	食堂	指	指	指	自	自
クハ181	モロ181	モロ180	サハ180/181	サシ181	モハ180	モハ181	モハ180	モハ181	クハ181

急行・よねやま

← 3602M 上野行き　　　　　　　　　　　　　　　　　　　　　　　　3601M 直江津行き →

①	②	③	④	⑤	⑥	⑦	⑧	⑨	⑩	⑪	⑫	⑬
指	指	指	指G	指G	自・ビ	自	自	自	自	自	自	自
クハ165	モハ164	クモハ165	サロ165	サロ165	サハシ165	サハ165	モハ164	クモハ165	クハ165	モハ164	クモハ165

急行・天の川

← 802レ 上野行き　　　　　　　　　　　　　　　　　　　　　　　　803レ 秋田行き →

	①	②	③	④	⑤	⑥	⑦	⑧	⑨	⑩	⑪	⑫	⑬
郵便	B寝台	A寝台	B寝台	B寝台	B寝台	B寝台	B寝台	A寝台	B寝台	B寝台	B寝台	B寝台	B寝台
オユ10	オハネフ12	オロネ10	スハネ16	スハネ16	スハネ16	オハネフ12	オハネフ12	オロネ10	スハネ16	スハネ16	スハネ16	スハネ16	オハネフ12
上野〜新潟				上野〜秋田						上野〜新潟			

時刻表一⑩　東京(上野)一新潟・金沢・秋田間急行列車時刻の変遷(10)

1972(昭和47)年10月2日

下り

列車番号	2001M	701M	2003M	3001M	3601M	2005M	2007M	2009M	2011M	2041M	2043M	703M	2013M	2015M	705M	2017M	6707M	2019M	6601	801	3605	803	709M
種別	特急	急行	特急	急行	急行	特急	特急	特急	特急	特急	特急	急行	特急	特急	急行	特急	急行	特急	急行	急行	急行	急行	急行
列車名	とき1号	佐渡1号	とき2号	はくたか	よねやま	とき3号	とき4号	とき5号	とき6号	いなほ1号	いなほ2号	佐渡2号	とき7号	とき8号	佐渡3号	とき9号	佐渡4号	とき10号	北陸1号	鳥海	北陸2号	天の川	佐渡5号
形式・編成両数	181系⑩	165系⑬	181系⑩	485系⑪	165系⑬	181系⑩	181系⑩	181系⑩	181系⑩	485系⑫	485系⑫	165系⑬	181系⑩	181系⑩	165系⑬	181系⑩	165系⑬	181系⑩	165系⑫	一般形⑭	一般形⑬	一般形⑭	165系⑬
連結車種	シ	ビ	シ	シ	ビ	シ	シ	シ	シ	ビ	ビ	ビ	シ	シ	ビ	シ	ビ	シ	ハ	ロネ・ハネ	ロネ・ハ	ロネ・ハネ	ビ(休)
上野 発	6 00	6 48	7 30	8 30	8 52	9 30	11 30	12 25	13 30	10 30	14 30	13 46	15 30	16 30	16 49	18 05	18 19	19 32	19 50	21 05	21 40	22 39	23 20
大宮 //	6 22	7 13	7 52	8 52	9 15	9 52	11 52	12 52	13 52	10 50		14 12	15 52	16 52	17 15	18 27	18 45	→	20 17	21 30	22 05	23 06	23 48
高崎 //	7 11	8 11	8 42	9 41	10 11	10 42	12 41	13 36	15 25	11 40	15 44	15 12	16 42	17 41	18 12	19 15	19 41	21 23	21 30	22 37	23 10	0 29	1 13
水上 //	7 57	9 02	→	→	11 02	11 25	13 25	14 22	→	→	16 27	16 02	17 25	→	19 01	20 01	20 30	22 33	22 33	23 49	23 10	1 41	2 27
越後湯沢 //	8 19	9 27	9 47		11 26	11 48	13 47	14 44				16 28	17 48	18 46	19 26	20 55	20 55						3 05
長岡 着	9 11	10 24	10 35	11 33	12 24	12 36	14 34	15 30	16 35	13 35	17 35	17 26	18 36	19 35	20 25	21 09	21 55	22 36	0 16	1 29	2 00	3 38	4 19
長岡 発	9 27	10 45	10 53	→		12 53	14 52	15 47				17 47	18 52	→	20 46	21 26	22 15	22 52		2 12		4 13	4 49
東三条 発	9 46	11 05					15 11		17 11	14 11	18 12	18 08	19 10	19 10	21 07	21 44	22 36	23 11		2 40		4 40	5 12
新潟 着	9 58	11 19	11 23			13 23	15 23	16 16	17 23			18 20	19 23	20 24	21 20	21 56	22 51	23 23				4 57	5 30
羽越方面 終着										青森 20 35	秋田 22 03									秋田 8 32		秋田 10 25	秋田 19 03
北陸方面 終着				金沢 14 50	直江津 13 32	直江津 9 36											金沢 15 15		福井 6 30		金沢 6 54		
備考							12/1から運転										季節列車		季節列車	寝台列車	季節列車	寝台列車	季節列車

上り

列車番号	2002M	2004M	702M	2006M	2042M	3602M	2008M	2010M	6704M	2012M	2044M	706M	2016M	2018M	708M	3002M	2020M	710M	6602	802	3604	804
種別	特急	特急	急行	特急	特急	急行	特急	特急	急行	特急	急行	急行	特急	特急	急行	特急	特急	急行	急行	急行	急行	急行
列車名	とき1号	とき2号	佐渡1号	とき3号	いなほ1号	よねやま	とき4号	とき5号	佐渡2号	とき6号	いなほ2号	佐渡3号	とき8号	とき9号	佐渡4号	はくたか	とき10号	佐渡5号	北陸1号	天の川	北陸2号	鳥海
形式・編成両数	181系⑩	181系⑩	165系⑬	181系⑩	485系⑫	165系⑬	181系⑩	181系⑩	165系⑬	181系⑩	485系⑫	165系⑬	181系⑩	181系⑩	165系⑬	485系⑪	181系⑩	165系⑬	165系⑫	一般形⑬	一般形⑬	一般形⑭
連結車種	シ	シ	ビ	シ	ビ	ビ	シ	シ	ビ	シ	ビ	ビ	シ	シ	ビ	シ	シ	ビ(休)	ハ	ロネ・ハネ	ハネ	ロネ・ハネ
新潟 発	6 40	7 40	7 50	8 40		9 36	10 40	11 40	11 45	12 40		13 45	15 40	16 40	16 45		18 40	18 52	22 55	23 10		
新津 //	6 52	→	8 03	8 52		9 56	11 52	11 59	11 59	12 52		13 55	15 52	16 59	17 11		18 52	19 11	23 13	23 34		0 46
東三条 //	7 10	→	8 24	9 11		10 11	12 21	12 21	12 21	13 11	14 20	14 20	16 11	17 20	17 28	18 31	19 11	19 28	23 37	0 07		1 10
長岡 //	7 27	8 28	8 45	9 28	10 32	10 44	12 28	12 42	13 42	13 28	14 40	14 40	16 26	17 40	17 40	19 28	19 28	0 03	0 58		1 34	1 45
越後湯沢 //	7 27	9 15	9 42	9 42	11 46	11 41	13 15	13 42	14 14	14 17	15 41	16 16	18 16	18 40	18 40		1 29					
水上 //	8 45	9 45	10 12	10 45	11 46	12 12	13 45	14 14	15 02	15 30	16 13	16 45	17 44	18 45	19 12	20 02	2 12	3 06	3 17	3 55	4 07
高崎 //	9 30	→	11 02	11 30	12 30	13 02	13 30	15 02	15 30	16 30	17 02	18 27	19 13	19 30	20 02	20 57	3 16	4 17	4 08	4 53	5 03
大宮 //	10 39	11 39	11 57	12 18	13 57	13 57	14 18	15 57	→	16 39	17 57	18 16	19 13	20 17	20 17	21 30	22 17	4 30	5 25	5 34	5 25	6 05	6 15
上野 着	10 46	11 39	11 57	12 24	12 39	14 23	15 39	16 24	16 39	16 39	18 23	18 39	20 39	21 21	21 56	22 17	22 39	4 57	6 04	6 33	5 55	6 41
始発					秋田 6 10	直江津			季節列車		青森 7 30					金沢				秋田 17 48	福井	金沢	秋田
北陸方面 始発						直江津 9 36		12/1から運転								金沢 15 15			福井 6 30		金沢 19 14	金沢 21 00
備考								12/1から運転										季節列車	季節列車	寝台列車	季節列車	寝台列車

上越線全線を走行する定期列車と運転日の多い季節列車を表示。　　　　(休)は営業休止
ロネ＝A寝台車　ハネ＝B寝台車　シ＝食堂車　ビ＝ビュフェ付き車両
連結車種欄　記載なしはグリーン車と普通車だけで編成される列車

40

上野発の上越線電車急行ながら長岡でスイッチバックして信越本線を直江津に向かう「よねやま」。1往復の運転ながら全区間を日の高い時間帯を走るため、ファンの間ではよく撮影された列車だった。
◎3602M　直江津発上野行き急行「よねやま」165系電車13連　1976.8.23　石打～越後湯沢　撮影：寺本光照

と、100番代を中心とする"生まれついての181系"24両以外の92両は、151系からの改造車で、全配置数の70%を占めていた。要するに「とき」用181系は、5往復運転になった1968(昭和43)年10月改正後は、増発の度に向日町運転所の仲間を呼び戻す形で増殖を続けてきたのである。だが、151系からの改造車は、その大半が法定耐用年数を過ぎた車齢であるため、「はくたか」や「いなほ」用の485系に比べると、居住性の差が歴然としており、181系全体としても走行時の揺れなど、乗り心地の悪さが指摘されていた。

そうした中、1973(昭和48)年12月に日本海側を襲った豪雪で「とき」は車両故障が続発する。当時は組合が順法闘争を繰り返すなど、国鉄の労使関係が荒廃していた事情も手伝い、運休列車の続出や減速闘争に突入する事態に陥った。上越線を混乱させたダイヤの乱れは1974(昭和49)年の春の到来とともに解消するが、旧151系車両の中でも、走行距離が350～400万kmに達する初期車(1958～61年度車)の傷みが激しいことだけは、紛れもない事実だった。

そこで、国鉄は同年12月に耐寒耐雪性能を強化した183系1000番代(以下183系)・38両を新潟区に新製投入し、年末年始輸送さ中の28日から「とき」3往復(下り2・6・12号、上り1・7・11号)で運転を開始する。183系では輸送力増強のため編成は12両とされるが、食堂車は上越新幹線開業後の車両転配を考慮し、新製が見送られた。183系「とき」は、181系とは比べものにならない乗り心地の良さを旅客に披露し、好評を得るが、唯一食堂車の連結がないことには、不満をもらす常連客もいたようだ。183系「とき」の編成を図示すると次のようになる。

とも1両ずつの減車が実施される。これにより、電車急行と「天の川」の編成は下欄のようになる。

居住性の劣化が目立ち始めた181系「とき」

上越線特急「とき」用の181系は、1966(昭和41)年12月の中央東線特急「あずさ」新設以来、車両は共通運用されてきた。しかし、1973(昭和48)年4月1日に東北・上信越線特急等の東京乗入れが廃止され、同年10月改正では、東京～上野間の回送線が東北新幹線工事で使えなくなる。そのため、新潟運転所所属の181系は「とき」専用として運用することになり、「あずさ」用車両は長野運転所に転属する。

これにより、新潟所の181系は改正前の139両から131両の陣営になるが、旧161系からの改造車15両

急行　佐渡（4往復）よねやま（1973.10.1）

←上野行き　　　　　　　　　　　　　　　　　　　　　　　　　　　　　　新潟行き／直江津行き→

①	②	③	④	⑤	⑥	⑦	⑧	⑨	⑩	⑪	⑫	⑬
指	指	指	指G	指G	自・ビ（休止）	自	自	自	自	自	自	自
クハ165	モハ164	クモハ165	サロ165	サロ165	サハシ165	サハ165	クハ165	モハ164	クモハ165	クハ165	モハ164	クモハ165

急行・天の川

←802レ　上野行き　　　　　　　　　　　　　　　　　　　　　　　　　803レ　秋田行き→

郵便	①	②	③	④	⑤	⑥	⑦	⑧	⑨	⑩	⑪
郵便	B寝台	A寝台	B寝台	B寝台	B寝台	B寝台	A寝台	B寝台	B寝台	B寝台	B寝台
オユ10	オハネフ12	オロネ10	スハネ16	スハネ16	オハネフ12	オロネ10	スハネ16	スハネ16	スハネ16	オハネフ12	
上野～新潟			上野～秋田					上野～新潟			

特急・とき（3往復）下り2・6・12号　上り1・7・11号（1974.12.28）

←上野行き　　　　　　　　　　　　　　　　　　　　　　　　　　　　新潟行き→

①	②	③	④	⑤	⑥	⑦	⑧	⑨	⑩	⑪	⑫
指	指	指	指	指	指G	指G	指	自	自	自	自
クハ183	モハ182	モハ183	モハ182	モハ183	サロ183	サロ183	モハ182	モハ183	モハ182	モハ183	クハ183

時刻表ー① 東京(上野)ー新潟・金沢・秋田間急行列車時刻の変遷(11)

1973(昭和48)年10月1日

下り（東京(上野)→新潟・金沢・秋田方面）

	2001M	701M	2003M	3001M	2005M	3601M	2007M	2009M	2041M	2011M	2013M	703M	2017M	2043M	2019M	2021M	2023M	705M	2025M	6601	801	3605	803	707M
種別	特急	急行	特急	特急	特急	特急	特急	特急	特急	特急	特急	急行	特急	特急	特急	特急	特急	急行	特急	急行	急行	急行	急行	急行
列車名	とき1号	佐渡1号	とき2号	はくたか	とき3号	よねやま	とき4号	とき5号	いなほ1号	とき6号	とき7号	佐渡2号	とき9号	いなほ2号	とき10号	とき11号	とき12号	佐渡3号	とき13号	北陸1号	鳥海	北陸2号	天の川	佐渡4号
形式・編成両数	181系⑩	165系⑬	181系⑩	485系⑪	181系⑩	165系⑬	181系⑩	181系⑩	485系⑫	181系⑩	181系⑩	165系⑬	181系⑩	485系⑫	181系⑩	181系⑩	181系⑩	165系⑬	181系⑩	一般形⑫	一般形⑭	一般形⑬	一般形⑫	165系⑬
連結車種	シ	ビ(休)	シ	シ	シ	ビ(休)	シ	シ	シ	シ	シ	ビ(休)	シ	シ	シ	シ	シ	ビ(休)	シ	ハネ	ロネ・ハネ	ロネ・ハネ	ロネ・ハネ	ビ(休)・ハネ
上野 発	6 38	7 17	7 38	8 08	8 38	8 47	9 38	10 38	11 08	11 38	12 38	13 17	14 38	15 08	15 38	16 38	18 08	18 17	19 38	20 17	21 14	21 48	22 38	23 20
大宮 〃	7 00	7 43	8 00	8 30	9 00	9 13	10 00	11 00	11 30		13 00	13 43	15 00	16 20	16 00	17 00	18 30	18 44	20 00		21 40	22 16	23 03	23 48
高崎 〃	7 50	9 02	8 50	9 20	→	10 28	10 50	→	12 20	12 50	13 50	14 59	→	→	16 50	17 50	19 20	20 00	20 51	21 24	22 43	23 24	0 34	1 08
水上 〃	8 33	9 51	→	→	10 33	11 18	11 33	12 33	→	→	14 33	15 52	→	17 04	17 33	→	20 03	20 51	21 33	22 31	23 47	0 31	1 45	2 30
越後湯沢 〃	8 56	10 15	9 54	→	10 55	11 42	11 55	→	13 55	13 55	→	16 20	16 55	→	→	18 55	→	21 15	→	→	1 24	2 15	3 35	3 06
長岡 着	9 48	11 20	10 44	11 12	11 43	12 52	12 43	13 44	14 10	14 42	15 44	17 19	17 43	18 10	18 46	19 43	21 14	22 14	22 45		2 08		4 17	4 16
東三条 発	10 06	11 42	11 03		12 18		13 00	14 02	14 45	14 59	16 01	17 40	18 19	18 45	19 03		21 32	22 36	23 02		2 36		4 43	4 39
新津 着	10 24	12 03								15 18	16 31	18 02					21 51	22 57	23 21				5 00	5 03
新潟 着	10 37	12 16	11 33		12 30		13 30	14 35		15 30	16 31	18 15	18 31		19 35	20 33	22 03	23 10	23 33					5 20
羽越方面 着									青森 21 10					秋田 22 35							秋田 8 16		秋田 10 24	
終着 北陸方面 着				金沢 14 31		直江津 13 56														福井 6 30		金沢 6 50		
備考																				季節列車	寝台列車	寝台列車	寝台列車	

上り（新潟・金沢・秋田方面→東京(上野)）

	2002M	702M	2004M	3602M	2006M	2008M	2042M	2010M	2012M	2014M	2016M	2018M	2044M	2020M	2022M	2024M	2026M	706M	3002M	708M	802	6602	3604	804
種別	特急	急行	特急	特急	特急	特急	特急	特急	特急	特急	特急	特急	特急	特急	特急	特急	特急	急行	特急	急行	急行	急行	急行	急行
列車名	とき1号	佐渡2号	とき2号	よねやま	とき3号	とき4号	いなほ1号	とき5号	とき6号	とき7号	とき8号	とき9号	いなほ2号	とき10号	とき11号	とき12号	とき13号	佐渡3号	はくたか	佐渡4号	天の川	北陸1号	北陸2号	鳥海
形式・編成両数	181系⑩	165系⑬	181系⑩	165系⑬	181系⑩	181系⑩	485系⑫	181系⑩	181系⑩	181系⑩	181系⑩	181系⑩	485系⑫	181系⑩	181系⑩	181系⑩	181系⑩	165系⑬	485系⑪	165系⑬	一般形⑭	一般形⑫	一般形⑬	165系⑬
連結車種	シ	ビ(休)	シ	ビ(休)	シ	シ	シ	シ	シ	シ	シ	シ	シ	シ	シ	シ	シ	ビ(休)	シ	ビ(休)・ハネ	ロネ・ハネ	ハネ	ロネ・ハネ	ロネ・ハネ
羽越方面 発							秋田 6 43						青森 8 15								秋田 19 02			秋田 17 48
北陸方面 始発				直江津 9 20															金沢 15 50			福井 19 16	金沢 21 00	
新潟 発	6 50	7 32	7 50		8 50	9 50		10 50	11 50	12 50	13 50	14 50		15 32	16 50	17 50	18 50	16 56		20 54				
新津 〃	7 19	7 46	8 02		9 02	10 20		11 02	12 02	13 02	14 20	15 20		15 58	17 02	18 20	19 02	17 13		21 13	20 27			
東三条 〃	7 36	8 07	8 37		9 38	10 36	13 26	11 37	12 37	13 37	15 13	15 36	16 56	16 46	17 37	18 37	19 20							
長岡 発	8 29	9 00	11 38	10 30	10 26	11 26	13 56	12 28	13 26	14 26	15 25	16 38	17 54	17 37	18 26	19 24	20 54	21 38	19 38	20 54				
越後湯沢 〃	9 38	11 00	9 56	12 10	10 55	11 56	13 56	13 13	14 37	15 10		17 54		19 38			21 38	23 12						
水上 〃	10 10	11 38	11 12	13 04	11 38	12 10	14 00	13 38	16 00	16 40	16 56	18 39	17 13	20 00	19 38	21 10	21 10	23 14		23 12				
高崎 〃	10 26	12 14	12 27	14 13	13 04	14 00	14 27	14 27	17 13	17 27	18 27	19 27	18 00	20 27	20 27	21 38	22 16	23 37	21 13	23 47				
大宮 〃							15 48		17 42	17 48	18 51	19 48	18 23	20 49	20 49	21 48	22 48	23 47	22 01	0 14	0 58	0 52		0 46
上野 着	10 48	12 38	11 48	13 48	12 48	13 48	15 48	14 48	15 48	16 48	17 48	18 51	20 49	21 41	21 48	22 27	22 48	22 48	22 23	6 41	6 38	6 14	6 09	4 07
備考																					寝台列車	季節列車 寝台列車	寝台列車	寝台列車

上越線全線を走行する定期列車と運転日の多い季節列車を表示。　ビ(休)=ビュフェ付き車両を連結するも営業休止　記載なしはグリーン車と普通車だけで編成される列車
連結車種欄　ロネ=A寝台車　ハネ=B寝台車　シ=食堂車　ビ=ビュフェ付き車両

05 上越新幹線開業と在来線優等列車の終焉

列車本数は現状維持の1975年3月改正

　1975（昭和50）年3月10日、山陽新幹線博多開業を柱とした全国ダイヤ改正が実施される。本来なら列車増発で賑わうところだが、1973（昭和48）年10月改正直後の石油危機（オイルショック）を機に始まった長期不況による総需要抑制で、国鉄利用客はそれまでの右肩下がりから一転して、横這いに転じた。

　そのため、上野～新潟間の昼行ダイヤは特急「とき」2往復が新規に渋川に停車するなど、停車駅の追加に伴う時刻調整がなされた以外は、ほぼ従来通りで移行する。本数も13往復のままで、181系10往復、183系3往復の体制にも変更がなかった。

　急行「佐渡」と「よねやま」も本数は現状維持だが、営業休止中のビュフェ車の一部が、売店付きのサハ164とトレードの形で中央東線用に転属したため、165系急行の⑥号車には、従前のサハシ165に加えサハ164・サハ165の何れかの形式が入る。1972（昭和47）年頃に先頭車の大型ヘッドマークが外され、金太郎飴の輪切りのように、趣味的な面白みのなかった新潟（直江津）直通急行に、撮影での楽しみが復活したのは、ファンにとっては幸いだった。

急行　佐渡（4往復）よねやま（1975.3.10）

← 上野行き　　　　　　　　　　　　　　　　　　　　　　　　　　　　　　　新潟行き / 直江津行き →

①	②	③	④	⑤	※⑥	⑦	⑧	⑨	⑩	⑪	⑫	⑬
指	指	指	指G	指G	自	自	自	自	自	自	自	自
クハ165	モハ164	クモハ165	サロ165	サロ165	サハ165	サハ165	クハ165	モハ164	クモハ165	クハ165	モハ164	クモハ165

※⑥号車にはサハシ165またはサハ164が入る場合もある（ビュフェ・売店は非営業）

老朽化が進む181系の代替に登場した183系による下り特急「とき」。当初は良好な乗り心地と12両の輸送力で、利用客から圧倒的な支持を得ていた。
◎2015M　上野発新潟行き特急「とき8号」183系電車12連　1976.8.23　土樽～越後中里　撮影：寺本光照

時刻表一⑫　東京（上野）－新潟・金沢・秋田間急行列車時刻の変遷（12）

1975（昭和50）年3月10日

下り（東京（上野）→新潟・金沢・直江津方面）

列車番号	種別	列車名	形式・編成両数	連結車種	上野 発	大宮	高崎	水上	越後湯沢	長岡	東三条	新津	新潟	羽越／北陸方面終着	備考
2001M	特急	とき1号	181系⑫	シ	6 38	7 00	7 50	8 34	8 56	9 48	10 06	10 25	10 37		
701M	急行	佐渡1号	165系⑬		7 17	7 43	9 02	9 51	10 16	11 20	11 42	12 03	12 16		
3001M	特急	はくたか	485系①	シ	8 08	8 30	9 20	→	→	→	→	→		金沢 14 35	
2003M	特急	とき2号	183系⑫	シ	7 38	8 00	8 49	9 54	→	10 44	11 03	→	11 33		
2005M	特急	とき3号	181系⑩	シ	8 38	9 00	→	10 33	10 55	11 43	12 18	→	12 30		
3601M	急行	よねやま	165系⑬		8 47	9 13	10 28	11 18	11 42	12 51	→	→	→	直江津 13 54	
2007M	特急	とき4号	181系⑩	シ	9 38	10 00	10 49	11 33	11 55	12 43	13 00	→	13 30		
2009M	特急	とき5号	181系⑩	シ	10 38	11 00	→	12 34	→	13 45	14 02	→	14 35		
2041M	特急	いなほ1号	485系⑫	シ	11 08	11 30	12 20	→	13 55	14 11	14 59	15 18	15 30	青森 21 10	
2011M	特急	とき6号	183系⑫	シ	11 38	→	12 49	→	13 55	14 42	14 59	15 18	15 30		
2013M	特急	とき7号	181系⑩		12 38	13 50	13 50	14 33	→	15 44	16 01	→	16 31		
703M	急行	佐渡2号	165系⑬		13 50	13 43	15 00	15 52	16 18	17 19	18 02	18 16			
2015M	特急	とき8号	181系⑩	シ	13 38	14 00	→	15 33	15 55	16 44	17 00	→	17 31		
2017M	特急	とき9号	181系⑩		14 38	→	15 50	16 56	→	17 43	18 20	→	18 32		
2043M	特急	いなほ2号	485系⑫	シ	15 08	15 29	16 20	17 04	18 11	18 45	19 03	→	19 35	秋田 22 36	
2019M	特急	とき10号	181系⑩	シ	15 38	16 00	16 50	17 33	→	18 46	19 03	→	19 35		
2021M	特急	とき11号	181系⑩	シ	16 38	17 00	17 50	18 55	→	19 43	→	20 33			
2023M	特急	とき12号	183系⑫	シ	18 08	18 30	19 20	20 03	→	21 16	21 34	21 53	22 05		
2025M	特急	とき13号	181系⑩	シ	19 38	→	→	21 33	→	22 45	23 02	23 21	23 33		
705M	急行	佐渡3号	165系⑬		18 17	18 44	19 57	20 51	21 15	22 14	22 36	22 57	23 11		
801	急行	鳥海	一般形⑬	ロネ・ハネ	21 14	21 40	22 43	23 47	0 24	1 24	2 07	2 35		秋田 8 16	寝台列車
3001	特急	北陸	20系⑫	ロネ・ハネ	21 18	21 44	23 04	0 19	→					金沢 6 05	寝台列車
3605	急行	能登	一般形⑬	ロネ・ハネ	21 48	22 16	23 23	0 31		2 28				金沢 6 51	寝台列車／季節列車
803	急行	天の川	一般形⑬	ロネ・ハネ	22 38	23 03	0 30	1 48	3 06	3 51	4 25	4 50	5 06	秋田 10 24	寝台列車
707M	急行	佐渡4号	165系⑬		23 20	23 48	1 08	2 30	3 06	4 17	4 40	5 04	5 20		

上り（新潟・金沢・秋田方面→東京（上野））

列車番号	種別	列車名	形式・編成両数	連結車種	羽越／北陸方面始発	新潟 発	新津	東三条	長岡	越後湯沢	水上	高崎	大宮	上野 着	備考
2002M	特急	とき1号	181系⑫	シ		6 50	→	→	7 36	→	8 30	9 38	10 26	10 49	
702M	急行	佐渡1号	165系⑬			7 32	8 02	8 37	9 02	9 56	11 00	12 14	12 27	12 42	
2004M	特急	とき2号	183系⑫	シ		7 50	8 02	8 37	9 02	→	→	11 38	12 27	12 49	
2006M	特急	とき3号	181系⑩	シ		8 50	9 02	9 22	9 38	10 26	11 38	12 27	12 49	13 04	
3602M	急行	よねやま	165系⑬		直江津 9 20	→	→	→			10 20	11 38	12 49	13 13	
2008M	特急	とき4号	181系⑩	シ		9 50	10 20	10 36	11 26	→	13 04	14 13	14 27	14 40	
2042M	特急	いなほ2号	485系⑫	シ	青森 8 15	→	10 39	→	11 13	12 28	13 13	14 00	14 23		
2010M	特急	とき5号	181系⑩	シ		10 50	11 02	11 20	11 37	12 37	13 26	13 56	14 26	15 26	
2012M	特急	とき6号	181系⑩	シ		11 50	12 02	12 20	13 08	13 30	14 37	15 11	16 01		
704M	急行	佐渡2号	165系⑬			12 32	12 46	13 08	13 30	14 37	15 11	16 01	17 13	17 42	
2014M	特急	とき7号	181系⑩	シ		12 50	→	14 20	14 37	15 13	15 36	15 38	16 40	17 27	
2016M	特急	とき8号	181系⑩	シ		14 50	15 20	15 36	16 56	→	→	18 27	18 52		
2018M	特急	とき9号	181系⑩	シ		14 50	15 20	15 36	16 37	17 25	17 54	18 39	19 27	19 48	
2020M	特急	とき10号	181系⑩	シ		15 50	16 20	16 37	17 25	17 54	18 39	19 27	19 48		
2044M	特急	いなほ1号	485系⑫	シ	青森 14 39	→	18 20	18 36	19 24	19 54	20 00	21 10	21 4		
706M	急行	佐渡3号	165系⑬			16 46	17 08	17 30	18 39	19 11	20 00	21 10	21 4		
2022M	特急	とき11号	183系⑫	シ		16 50	17 02	→	17 37	18 26	19 38	20 27	21 27	21 49	
2024M	特急	とき12号	183系⑫	シ		17 50	→	18 20	18 36	19 24	19 54	21 10	21 27	21 49	
3002M	特急	はくたか	485系①	シ	金沢 15 50	→	→	→	19 11	→	20 54	21 38	22 27	22 48	
2026M	特急	とき13号	181系⑩	シ		18 50	19 02	19 20	19 38	→	20 54	21 38	22 27	22 48	
708M	急行	佐渡4号	165系⑬			19 02	19 20	19 38	→	20 24	21 38	22 01	22 23	22 48	
802	急行	鳥海	一般形⑬	ロネ・ハネ	秋田 15 50	23 00	23 14	23 37	0 24	1 44	2 24	3 28	4 40	5 06	寝台列車
3002	特急	北陸	20系⑫	ロネ・ハネ	金沢 21 00	秋田 21 07	0 14	0 58	3 19	4 17	5 28	5 55	5 45		寝台列車
3604	急行	能登	一般形⑬	ロネ・ハネ	金沢 21 00		0 40	1 05	1 37	3 56	4 59	6 10	6 38		寝台列車／季節列車
804	急行	天の川	一般形⑬	ロネ・ハネ	秋田 19 02	0 40	1 05	1 47	4 08	5 03	6 14	6 41			寝台列車

上越線全線を走行する定期列車と運転日の多い季節列車を表示。
連結車種欄　ロネ＝A寝台車　ハネ＝B寝台車　シ＝食堂車

記載なしはグリーン車と普通車だけで編成される列車
※は1975.10.1から183系（食堂車なし）に置換え

夜行列車は急行「北陸」2往復のうち旧1—1号が上野〜金沢間特急「北陸」に格上げ。寝台列車だった旧2—2号は、寝台・座席連結の急行として同区間に残り、列車名を「能登」に改称する。「北陸」には東京〜九州間特急「はやぶさ」などの24系化に伴い捻出された、20系12両編成が使用されるが、特急格上げは利用客からの要望というよりは、20系の有効活用であることは明らかだった。ともあれ、ここに上越線も寝台特急運転路線に加わる。

この改正での時刻は時刻表—⑫、急行「佐渡」「よねやま」の編成は次の通りである。

「とき」の本数、183系が181系を逆転

ダイヤ改正から1ヵ月後の1975（昭和50）年4月14日13時52分頃、湯檜曽〜北湯檜曽信号場間が、湯吹山の雪解け水による土砂崩れで不通になる。現場は湯檜曽駅から、列車の出口になるトンネルとともに眺めることのできるループ線上（124〜125ページ参照）で、登山客や鉄道ファンならずとも、良く知られた場所である。

幸い不通箇所は上り専用線で、新清水トンネルを使用しての単線運転が可能なため、同日20時09分から運転が再開される。しかし、線路配線や信号機との関係で水上〜越後中里間に"交換設備"がなく、当初はタブレット使用の1時間ヘッド運転がやっとだったが、土樽駅の渡り線新設による同駅以北の複線復活や、単線自動閉塞採用によって1日最大39往復運転を確保し、ゴールデンウイーク期間を何とか乗り切った。この間上越線では貨物列車の運転も継続するため、「とき」と「佐渡」は約半数が運休を余儀なくされるが、不通区間も被災現場の修復工事終了とともに5月26日に開通を迎えた。

「とき」用181系は1975年3月10日改正時点では、サシ181形3両が廃車されただけで、128両が新潟運転所に配置されていたが、このうち状態が芳しくない旧151系改造車を置き換えるため、1975年8月から9月にかけて183系49両が新製され、10月1日改正から181系「とき」4往復が183系化される。これにより、「とき」は7往復が183系、6往復が181系と本数が逆転する。そして、181系のままで残る「とき」も12両編成に増強。これにより、「とき」の本数は1973年10月当時と変わらぬものの、実質的には2往復増

1975年10月から183系と同様に12両編成に増強された181系特急「とき」。運転開始以来の食堂車が連結されていることで、選んで乗る利用客も少なくなかった。
◎2017M　上野発新潟行き特急「とき9号」181系電車12連　1976.8.22　津久田〜岩本　撮影：寺本光照

の効果を上げた。この改正で、183系「とき」の自由席も3両に統一され、「とき」全体の編成は次のようになる。

ところで、「とき」の食堂車は1968（昭和43）年10月から、日本食堂と聚楽の2社体制で営業が行われており、特に聚楽では中華料理のメニューが用意されていたことで、常連客の中には、洋食中心の日本食堂営業列車と味比べを楽しむ人もいた。しかし、この改正で聚楽担当列車が183系化されたことで、6往復の「とき」はすべて日本食堂の担当になる。

寝台急行「天の川」を20系寝台車に変更

1975年10月1日改正で、「とき」の主力を183系に譲った181系だが、もう一つの牙城である長野運転所でも、「あさま」「あずさ」の両列車が同年12月までに189系に置換えられ、181系は特急運用を終えていた。そこで、181系は旧151系車を廃車、40番代と100番代を当分存続とし、新潟所に一括配置して「とき」の運用に充てる。1976（昭和51）年3月末での在籍両数は新潟所の108両と、長野所で保留車になっているサロ180形1両を合わせ109両だが、これが181系の全所帯になっていた。

1976（昭和51）年には、列車サービスの改善が実施され、3月1日に上野～金沢間電車特急「はくたか」の⑨～⑪号車が自由席化される。急用のビジネス客や区間旅客への配慮が理由だった。さらに10月1日からは上野～秋田間寝台急行「天の川」用客車が20系での運用になる。20系は記すまでもなく特急形寝台客車だが、同日に上野～青森間寝台特急「ゆうづる」が24系化された結果、捻出された20系が急行用に転用されたのである。国鉄としては車齢が法定耐用年数に満たない20系を廃車するわけにもいかず、苦肉の策だが、同じ上野～長岡間を並走する20系列車が、「北陸」では特急料金、「天の川」では急行料金というのは、「北陸」の旅客からは合点の行かない措置だった。

「天の川」の20系化に際し、新潟回転編成が廃止され、全車両が秋田直通になる。20系化時点で2両のA寝台車は、一般形時代同様、離れた位置に連結されていたが、1977（昭和52）年7月からは①・②号車に固められる。A寝台車が1両だけの「北陸」より傍目には豪華な感じだった。「天の川」の1976年10月と1977年7月の編成は下記の通り。

ところで、国鉄の収支は、この間も改善の兆しが見えないため、取って置きの増収政策として1975年11月20日に特急・急行・グリーン・寝台料金の平均32.2%の値上げ、さらに1976年11月6日には運賃・料金とも50%強の大幅値上げを断行する。こうした経済動向を無視したような施策が、利用者から支持されるわけがなく、長距離客は航空機、中・短距離客は並行私鉄やバス、クルマへの移行を招いたことは、記すまでもなかった。しかし、1977年12月に国

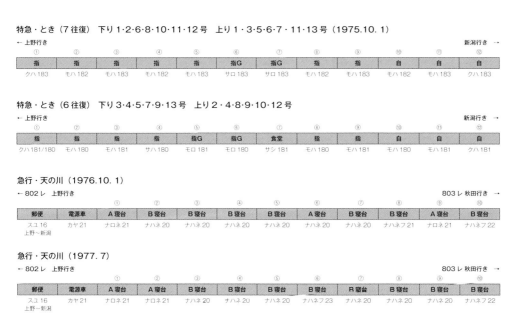

特急・とき（7往復）下り1・2・6・8・10・11・12号　上り1・3・5・6・7・11・13号（1975.10.1）

←上野行き　　　　　　　　　　　　　　　　　　　　　　新潟行き→

①	②	③	④	⑤	⑥	⑦	⑧	⑨	⑩	⑪	⑫
指	指	指	指	指	指G	指G	指	指	自	自	自
クハ183	モハ182	モハ183	モハ182	モハ183	サロ183	サロ183	モハ182	モハ183	モハ182	モハ183	クハ183

特急・とき（6往復）下り3・4・5・7・9・13号　上り2・4・8・9・10・12号

←上野行き　　　　　　　　　　　　　　　　　　　　　　新潟行き→

①	②	③	④	⑤	⑥	⑦	⑧	⑨	⑩	⑪	⑫
指	指	指	指	指G	指G	食堂	指	指	自	自	自
クハ181/180	モハ180	モハ181	サハ180	モロ181	モロ180	サシ181	モハ180	モハ181	モハ180	モハ181	クハ181

急行・天の川（1976.10.1）

←802レ 上野行き　　　　　　　　　　　　　　　　　　803レ 秋田行き→

郵便	電源車	①	②	③	④	⑤	⑥	⑦	⑧	⑨	⑩
郵便	電源車	A寝台	B寝台	B寝台	B寝台	B寝台	B寝台	B寝台	B寝台	A寝台	B寝台
スユ16 上野～新潟	カヤ21	ナロネ21	ナハネ20	ナハネ20	ナハネ20	ナハネ20	ナハネ20	ナハネ20	ナハネフ21	ナロネ21	ナハネフ22

急行・天の川（1977.7）

←802レ 上野行き　　　　　　　　　　　　　　　　　　803レ 秋田行き→

郵便	電源車	①	②	③	④	⑤	⑥	⑦	⑧	⑨	⑩
郵便	電源車	A寝台	A寝台	B寝台	B寝台	B寝台	B寝台	B寝台	B寝台	B寝台	B寝台
スユ16 上野～新潟	カヤ21	ナロネ21	ナロネ21	ナハネ20	ナハネ20	ナハネ20	ナハネフ23	ナハネ20	ナハネ20	ナハネ20	ナハネフ22

1978年10月改正を機に正面の可変式列車幕(ヘッドマーク)がイラスト入りになった183系「とき」。この斬新なアイデアは一大ブームとなり、特急列車が多数発着する上野駅などでは、撮影にやって来る鉄道ファンの姿が絶えなかった。
◎2011M　上野発新潟行き特急「とき11号」183系電車12連　1981.7.21　上野　撮影：寺本光照

鉄運賃法定制緩和法が成立し、運賃改訂は運輸大臣の認可制となったことで、以後も国鉄は年中行事のように値上げを繰り返した。

特急がスピードダウンとなった
1978年10月改正

　1978(昭和53)年10月2日、国鉄は1975年3月以来3年半ぶりにダイヤ改正を実施する。紀勢本線新宮～和歌山間電化や武蔵野線新松戸～西船橋間開業以外に、目立ったプロジェクト完成はないが、東北・上越新幹線の建設工事が当初予定よりも遅れている上野～盛岡・新潟間では、新幹線開業までの輸送力確保、また、運賃・料金値上げで乗車率が減少している関西～九州間寝台特急では、現状本数の早急な見直しが必要なため、ダイヤ改正へのメスが入れられたわけである。

　実質的に5年ぶりの大改正となる上野～新潟間では、規格ダイヤの見直しが実施された結果、特急「とき」は1往復の増発を見るが、同区間での最速列車到達時分は従前の3時間52分から4時間11分にダウン。表定速度も70km/h台に戻り、スピード面では"並みの特急"に転落する。急行も大半が5時間台での運

転となり、1967(昭和42)年10月改正当時の水準に戻ってしまった。

　ふつう、全国ダイヤ改正は国鉄にとっては新車投入や列車のスピードアップなど、鉄道の魅力を利用者に発表する場なのだが、それに逆行する事態となったのは、「現在、1時間当たり10本の規格ダイヤでは、特急増発余力がないので、特急列車の到達時分を多少スローダウンして、線路容量の増大をはかり、特急列車1本増の11本体制に規格ダイヤを修正した」が理由だが、値上げ続きで利用客離れが続く国鉄でも、新幹線を待望する上越線と東北本線は別格だったのだろう。

　この1978年10月改正では、在来線優等列車の号数番号が新幹線並みに下り奇数・上り偶数になるほか、183系のように可変式の愛称幕を持つ特急形電車のヘッドマークを、美しいイラスト入りに取り替えるなどの改善が図られる。これらの施策が現在にまで受け継がれている点では、ヨンサントオならぬ"ゴーサントオ"は記録ではなく、記憶に残る"改正"である。

　特急「とき」はこの改正で14往復になり、うち11往復を183系が担当、181系は3往復に残るだけとな

る。改正後の1979（昭和54）年3月末での新潟所における特急形車の配置は183系が144両に対し、181系は64両までに勢力を落としていた。しかし、181系は、行く末が見え始めた時期であるにもかかわらず、サロ181－1101～1106がレッキとした新製車として登場する。

これは改正前の181系「とき」のグリーン車は、振動面での問題が残るモロ形式で、しかも旧151系車も編成に入っているため、1978年10月改正を機にサロ形式に取り替える運びとなる。しかし、当時181系のサロ形式は、長野所に前述のサロ180形1両が在籍するだけで、必要両数を満たせないため、同車をサロ180－1001として戦列復帰させるほか、6両を新製、3両をサロ481からサロ181－1050番代に改造する。そのため、サロ181－1100番代は181系の仲間でありながらも、上越新幹線開業後にはサロ481への改造を前提とした車両であるため、車体はサロ481そのもので、直流車両らしからぬステップも取り付けられていた。

また、181系では183系同様の8M4T編成を維持するため、食堂車サシ181の連結は外される。これにより、181系ではサロ部分の2両（サロ180が入る場合は1両）だけは車体が高く、不細工な凸凹編成になってしまった。さらに、1979年1月からはヘッドマークがイラスト入りとされたことで、「とき」は旧161系で登場した頃とは、まったく別の列車といった感じだった。181系と183系は⑥⑦号車がグリーン車である以外は普通車で、自由席車も同一号車であることで、『時刻表』の編成案内ページでは「とき」全列車が同じ編成で紹介されていたが、使用車種を熟知した常連の利用客には、183系を選んで乗る客が少なく

なく、筆者の実見では、181系列車は時間帯との関係もあり、比較的空いている感じだった。181系は151系時代の東海道特急のように、もはや沿線利用者が憧れを抱くような車両ではなかったのだ。もっとも、当時在籍の181系の中で、旧151系の流れを汲む車両は、モハ181－29の1両だけになっていた。

上越線経由特急では「いなほ」と「はくたか」が各1往復増発されるが、運転開始は「はくたか」が1979（昭和54）年4月20日、「いなほ」が同年7月1日まで持ち越される。この改正で昼行の定期特急全車に自由席が設けられるが、「いなほ」「はくたか」の両列車は類似系統の特急が見当たらないため、エル特急への指定は見送られた。さらに「はくたか」は489系の8M4T編成化で、サロ2両連結が継続された結果、「とき」同様にサシの連結が外され、結果上越線内での食堂車連結列車は「いなほ」だけになる。

電車急行は本数こそ現状維持だが、サハシ165の廃車やサハ164の転属で旧⑥号車が外され、12両編成に減車。しかも、改正直前の1978年9月の車両塗装及び標記基準規定改正により、サロ165は、グリーン車の象徴である窓下の薄緑色帯が省略されたほか、優美な2連式大型下降窓は車体腐食を避けるため、2段式ユニット窓に変更する車両も出始めたため、こちらも急行にふさわしい姿は薄れてしまった。

夜行については、列車配置や運転区間は従来通りで、「北陸」は関西～九州間特急の15形化により捻出された14系に置換えられ、何とか特急の面目を取り戻した。

この改正での時刻を時刻表－⑬に示す。特急「とき」と165系急行の編成は下欄の通りである。

特急・とき（11往復）下記以外の列車（1978.10.2）

← 上野行き　　　　　　　　　　　　　　　　　　　　　　　　　新潟行き →

①	②	③	④	⑤	⑥	⑦	⑧	⑨	⑩	⑪	⑫
指	指	指	指	指	指G	指G	指	指	自	自	自
クハ183	モハ182	モハ183	モハ182	モハ183	サロ183	サロ183	モハ182	モハ183	モハ182	モハ183	クハ183

特急・とき（3往復）下り19・21・23号　上り10・12・14号

← 上野行き　　　　　　　　　　　　　　　　　　　　　　　　　新潟行き →

①	②	③	④	⑤	⑥	⑦	⑧	⑨	⑩	⑪	⑫
指	指	指	指	指	指G	指G	指	指	自	自	自
クハ181/180	モハ180	モハ181	モハ180	モハ181	サロ181	サロ181	モハ180	モハ181	モハ180	モハ181	クハ181

急行・佐渡（4往復）よねやま

← 上野行き　　　　　　　　　　　　　　　　　　　　　新潟行き／直江津行き →

①	②	③	④	⑤	⑥	⑦	⑧	⑨	⑩	⑪	⑫
指	指	指	指G	指G	自	自	自	自	自	自	自
クハ165	モハ164	クモハ165	サロ165	サロ165	クハ165	モハ164	クモハ165	サハ165	クハ165	モハ164	クモハ165

時刻表—⑬　東京（上野）—新潟・金沢・秋田間急行列車時刻の変遷（13）

1978(昭和53)年10月2日

下り

列車番号	種別	列車名	形式・両数／連結車種	上野 発	大宮 〃	高崎 〃	水上 〃	越後湯沢 〃	長岡 着	東三条 発	新津 着	新潟 着	羽越方面 終着	北陸方面 終着	備考
2001M	特急	とき1号	183系 ⑫	6 49	7 15	8 12	8 57	9 19	10 13	10 30	10 49	11 02			
2041M	特急	いなほ1号	485系 ⑫	7 19	7 45	8 43	9 29	→	→	→	→	→	秋田 15 02		当面運休
701M	急行	佐渡1号	165系 ⑫	7 23	7 49	8 59	10 06	10 31	11 34	11 57	12 21	12 36			
2003M	特急	とき3号	183系 ⑫	7 49	8 15	9 12	→	10 21	11 10	11 29	→	12 00			
3001M	特急	はくたか1号	489系 ⑫	8 19	8 46	9 43	10 30	→	11 41	→	→	→		金沢 15 04	
2005M	特急	とき5号	183系 ⑫	8 49	9 15	10 12	→	11 22	12 11	12 28	→	13 00			
3601M	急行	よねやま	165系 ⑫	8 53	9 19	10 22	11 19	11 57	12 21	12 47	→	→		直江津 13 53	
2007M	特急	とき7号	183系 ⑫	9 49	10 15	11 12	11 57	12 21	13 09	→	13 47	14 00			
2009M	特急	とき9号	183系 ⑫	10 49	11 15	12 12	→	13 28	14 11	14 29	→	15 00			
2043M	特急	いなほ3号	489系 ⑫	11 19	11 45	12 40	13 13	→	14 37	→	15 12	→	青森 21 45		
2011M	特急	とき11号	181系 ⑫	11 49	12 15	13 12	→	14 21	15 11	15 28	→	16 00			
2013M	特急	とき13号	183系 ⑫	12 49	13 00	14 12	14 59	→	16 10	16 28	→	17 00			
2015M	特急	とき15号	183系 ⑫	13 19	13 34	14 43	→	15 52	16 43	→	17 21	17 33			
2017M	特急	とき17号	181系 ⑫	13 49	14 15	15 12	15 57	16 21	17 11	17 28	→	18 00			
703M	急行	佐渡3号	165系 ⑫	13 23	13 49	14 56	16 06	16 33	17 34	17 55	18 17	18 28			
2019M	特急	とき19号	181系 ⑫	14 49	15 19	16 11	→	17 22	18 11	18 28	→	19 00			
2045M	特急	いなほ5号	485系 ⑫	15 19	15 45	16 42	17 28	→	18 37	19 12	→	→	秋田 23 03		
2021M	特急	とき21号	181系 ⑫	15 49	16 15	17 12	→	→	19 11	→	→	20 00			
3003M	特急	はくたか3号	489系 ⑫	16 19	17 00	17 42	18 12	→	19 41	→	→	→		金沢 23 04	当面運休
2023M	特急	とき23号	181系 ⑫	16 49	17 15	18 12	18 57	→	20 10	20 28	→	21 00			
2025M	特急	とき25号	183系 ⑫	18 19	18 45	19 42			21 40	21 57	22 17	22 30			
705M	急行	佐渡5号	165系 ⑫	18 23	18 49	19 59	20 49	21 15	22 20	22 45	23 08	23 22			
2027M	特急	とき27号	183系 ⑫	19 19	19 37	20 42	21 27	→	22 42	22 59	23 18	23 30			
801	急行	鳥海	一般形 ⑬	21 13	21 40	22 43	23 47	1 24	2 09	2 37	→	→	秋田 8 17		
3001	特急	北陸	14系 ⑫	21 17	21 46	23 04	0 19	→	→	→	→	→		金沢 6 06	寝台列車
3605	急行	能登	一般形 ⑬	21 49	22 16	23 23	0 31	→	2 27	→	→	→		金沢 6 51	
803	急行	天の川	20系 ⑬	22 38	23 04	0 30	1 48	2 59	3 51	4 24	4 49	5 07			寝台列車
707M	急行	佐渡号	165系 ⑫	23 20	23 47	1 16	2 21	2 59	4 15	4 38	5 01	5 15			

上り

列車番号	種別	列車名	形式・両数／連結車種	羽越方面 始発	北陸方面 始発	新潟 発	新津 〃	東三条 〃	長岡 〃	越後湯沢 〃	水上 〃	高崎 着	大宮 〃	上野 着	備考
2002M	特急	とき2号	183系 ⑫			6 18			7 07	7 59	8 18	8 55	9 42	10 33	
2004M	特急	とき4号	165系 ⑫	秋田		6 48	7 00	7 10	7 33	7 56	8 18	9 00	9 42	10 37	
702M	急行	佐渡2号	165系 ⑫			6 53	7 07	7 37	7 56	8 37	9 29	10 22	11 27	11 53	
2006M	特急	とき6号	183系 ⑫			7 48	8 18	8 37	9 29	→	10 44	11 43	12 43	13 09	
2008M	特急	とき8号	183系 ⑫		金沢 15 04	8 48	9 00	9 20	9 38	10 31	11 40	12 43	13 09		
3602M	急行	よねやま	165系 ⑫		直江津 9 21				10 57	11 43	12 43	13 09	14 03	14 53	
2010M	特急	とき10号	181系 ⑫			9 48	10 19	10 37	11 29	→	12 42	13 22	14 27	14 53	
2042M	特急	いなほ2号	489系 ⑫	秋田 6 41		10 48	11 00	11 19	→	12 42	14 07	15 07	16 03?		
2012M	特急	とき12号	181系 ⑫			10 48	11 09	11 29	12 27	→	13 42	14 37	15 33	16 03	
3002M	特急	はくたか2号	489系 ⑫		金沢 8 44				12 16	13 11	14 07	15 07	16 03		
2014M	特急	とき14号	181系 ⑫			11 48	12 07	12 27	13 11	→	14 33	15 33	16 33	17 03	
2016M	特急	とき16号	183系 ⑫			12 48	13 00	13 28	13 42	14 37	15 09	15 33	16 17	17 03	
704M	急行	佐渡4号	165系 ⑫			13 48	14 18	14 36	14 57	15 42	16 27	17 12	18 07	18 33	
2018M	特急	とき18号	183系 ⑫	青森 8 07		13 48	14 33	14 36	15 28	→	16 42	17 37	18 07	18 33	
2020M	特急	とき20号	183系 ⑫			14 48	15 09	15 28	16 27	→	17 37	18 07	18 53	19 03	
2022M	特急	とき22号	183系 ⑫			15 48	15 37	16 07	16 42	17 12	18 27	18 53			
2046M	特急	いなほ6号	485系 ⑫	秋田 13 51		16 36	16 31	16 52	→	18 07	18 27	19 31			
706M	急行	佐渡6号	165系 ⑫			16 16		17 14	17 57	18 43	19 37	20 03			
2024M	特急	とき24号	183系 ⑫			17 36	18 15	18 13	19 52	20 42	20 59	21 24			
2026M	特急	とき26号	183系 ⑫	秋田 17 47		18 36	18 15	19 27	20 57	21 12	21 37	22 03			
2028M	特急	とき28号	183系 ⑫			19 37	19 07	20 27	21 45	22 07	22 37	23 03			
3004M	特急	はくたか4号	485系 ⑫		金沢 15 46		20 42	21 12	20 37	21 07	22 07	23 03			
708M	急行	佐渡8号	165系 ⑬	秋田 19 07			21 24	22 07	21 03	22 37	23 03				
802	急行	鳥海	一般形 ⑬	秋田		23 00	23 16	23 39	0 28	1 48	2 24	3 28	4 42	5 06	
3002	特急	北陸	14系 ⑫		金沢 21 00		23 12	23 50	0 15	0 58	1 48	3 16	4 17	5 28	5 55	寝台列車
3604	急行	能登	一般形 ⑬		金沢 21 00		23 16	0 40	1 07	1 45	3 56	4 59	6 11	6 15	
804	急行	天の川	20系 ⑬		金沢 21 30		23 39	1 07	1 52	4 08	5 03	6 11	6 38	6 42	寝台列車

上越線全線を走行する定期列車と運転日の多い季節列車を表示。　記載ないはグリーン車と普通車だけで編成される列車
連結車種欄　ロネ＝A寝台車　ハネ＝B寝台車　シ＝食堂車

183系に倣うように先頭車のヘッドマークが絵入りになった181系特急「とき12号」。上越新幹線の開業も3か月後に迫り、同時に引退する181系にとっては、まさしく"お別れのとき"の到来である。
◎2012M 新潟発上野行き特急「とき12号」181系電車12連　1982.8.6　上牧～後閑　撮影：寺本光照

"お別れのとき"が迫った181系「とき」

　1973（昭和48）年10月のオイルショックに始まり、沿線の騒音振動問題や用地買収の難航、それに工事費の高騰などで、当初予定よりも建設工事が大幅に遅れている東北・上越新幹線のうち、上越新幹線は最大の難関といわれた、当時世界最長（22221m）の大清水トンネルが、1979（昭和54）年1月25日に貫通する。しかし、その1年後の1980（昭和55）年3月8日、その南側の中山トンネル（完成時14856m）で大出水事故が発生。途中からルートを変更しての掘り直しを迫られる。上越新幹線は大宮～新潟間269.5kmのうち39%がトンネル区間で、建設工事はトンネルとの戦いでもあった。

　こうした中、1980年10月1日に全国規模のダイヤ改正が実施される。客貨輸送需要減少に対応するため、寝台特急や貨物列車、さらには新幹線特急の一部を廃止した結果、列車キロが改正前より減少するという、戦中・終戦直後の時期や、後年のコロナ禍による利用者減少期を別として、平時では例のない不名誉なダイヤ改正だった。しかし、上越線では新幹線開業も間近ということで、全線を走破する優

等列車の本数や列車配列、編成に変更がなかった。この改正で、「北陸」や「天の川」など夜行列車や貨物列車を牽引するEF58とEF15に替わり、EF641000番代が登場する。EF60以降の形式としては珍しく、側面が左右非対称になり、車体も長くなったので、同じEF64でも標準形とは別形式といってもおかしくない機関車だった。

　特急「とき」については、この改正で11―8号の途中駅に浦佐が追加される。同駅は上越新幹線の駅設置が決定しているため、今風に言えば"忖度"による特急停車といえよう。

　東北・上越新幹線の開業は、前述の理由で大幅に遅れざるを得なかったが、1981（昭和56）年12月になって、東北新幹線は1982（昭和57）年6月23日に大宮～盛岡間を先行開業。上越新幹線は中山トンネル工事の関係で、同年11月に在来線ダイヤ改正に合わせ、大宮～新潟間開業と発表される。上越新幹線の列車名については、すでに一般公募により、1981年10月に速達形は「あさひ」、各駅停車形は「とき」と決定されていた。上越線特急で実績のある「とき」は、公募でも堂々1位の票数を獲得したのに、各駅停車形に甘んじたのは、当時のトキは国内で絶滅寸

前だったからといわれる。

上越新幹線開業はその後1982年11月15日に決定。上越在来線特急のうち「とき」と「はくたか」は全廃。「いなほ」は上野～青森間の1往復が、「鳥海」として残るほかは廃止。「いなほ」の列車名は新設の新潟～秋田間特急に引き継がれる。

「とき」に使用される車両のうち、183系は11月15日改正後、「あずさ」や房総特急増強用に転用。181系についてはサロ180とサロ181―1050番代は近郊形のサロ110に改造。サロ181―1100番代は485系のサロ481―1500番代に改造された後、青森運転所に配置され、「はつかり」「いなほ」などに使用される。その他の車両は廃車になるので、サロを除く181系にとっては、まさしく"お別れのとき"を迎えるわけである。

183・181系とも、新潟所から他区所に転属する車両の一部は改造工事を受け、ダイヤ改正当日からは新配置区での仕業となるため、新潟所では1982年6月から11月にかけて移り変わりの準備に入る。この間、「とき」にはふだんでは見ることのない幕張電車区の183系0番代が入るほか、181系と183系には減車編成が登場したり、計画運休も発生したりする。現在ならこの期間の主要駅は"撮り鉄"や"葬式鉄"と呼ばれる撮影者や参列者でごった返すが、当時は運転最終日以外には、訪れるファンも少なく、写真や資料を見る限りでは、混乱などはなかったようだ。

上越新幹線開業後の上越在来線

1982（昭和59）年11月15日、上越新幹線が開業。同時に東北新幹線も大幅に列車本数が増強される。在来線も東北・上越新幹線大宮暫定開業を機に、全国的なダイヤ改正が実施された。

上越新幹線開業に伴い、新幹線大宮～新潟間では「あさひ」11往復と「とき」10往復が登場。途中高崎・長岡だけに停車する「あさひ」は1時間45分で結ぶ。未開業の上野～大宮間は、ノンストップの26分で結ぶ185系14両編成の「新幹線リレー号」のほか、上野から東北・高崎線への中距離電車や、京浜東北線電車での乗り継ぎとなる。この結果上野～新潟間の下り最速は、大宮での乗換え時間を12分とすると、577M～「あさひ105号」の2時間25分になる。同区間で在来線「とき」が、3時間台の走りを見せていた頃よりも1時間30分の短縮である。

在来線昼行優等列車は前述の特急「鳥海」と、急行「佐渡」3往復、それに「よねやま」が存続する。新幹線が大宮暫定開業のため、同駅や途中駅などでの乗換えを嫌う旅客への配慮だが、「佐渡」と「よねやま」は、後続列車に追い越されるダイヤではなくなったはずなのに、改正前とほぼ同じ到達時分で運転されているのは疑問だった。

夜行は上野～秋田間急行「鳥海」が特急「出羽」に格上げ。上野～金沢間急行「能登」は信越本線経由に変更されたため、時刻表―⑭の記載から外す。

上越新幹線大宮暫定開業後も、上野～青森間で存続した特急「いなほ3・4号」改め「鳥海」。「いなほ」時代同様の編成で食堂車も営業されていた。
◎2041M　上野発青森行き特急「鳥海」485系電車12連
1983.12.26　八木原～渋川　撮影：寺本光照

急行　佐渡（4往復）　よねやま（1982.11.15）

← 上野行き　　　　　　　　　　　　　　　　　新潟行き／直江津行き →

①	②	③	④	⑤	⑥	⑦	⑧	⑨	⑩
指	指	指	指G	自	自	自	自	自	自
クハ165	モハ164	クモハ165	サロ165	クハ165	モハ164	クモハ165	クハ165	モハ164	クモハ165

急行・天の川

← 802レ 上野行き　　　　　　　　　　　　　　801レ 秋田行き →

電源車	①	②	③	④	⑤	⑥	⑦	⑧	⑨	⑩
	A寝台	A寝台	B寝台	B寝台	B寝台	B寝台	B寝台	B寝台	B寝台	B寝台
カヤ21	ナロネ21	ナロネ21	ナハネ20	ナハネ20	ナハネ20	ナハネフ23	ナハネ20	ナハネ20	ナハネ20	ナハネフ22

「北陸」と「天の川」は従前通りの運転である。

急行の編成については、165系列車はグリーン車を1両を含む減車で10両に変更。「天の川」は一般形客車時代からの郵便車が編成から姿を消すが、20系だけでの編成となったことで、貫禄を増す。この改正での急行の編成を図示すると下欄のようになる。

1985（昭和60）年3月14日、東北・上越新幹線の上野〜大宮間が開業し、当初の目的である東京都心乗入れを果たす。上越新幹線も上野〜新潟間で「あさひ」16往復、「とき」は10往復となり、特に「あさひ」のうち途中2駅停車の2往復は、同区間を1時間53分で結ぶ。上越新幹線はやっと本来の機能を発揮できる時がきたようで、在来線では上越線全線を走破する昼行優等列車と夜行急行「天の川」が姿を消し、山岳区間を含む水上〜宮内間は、日中は普通列車だけが行き交うローカル線と化す。このため上越線での優等列車は、夜行だけになる。

本稿の主人公を演じる上野〜新潟間の優等列車が消滅したため、以後の記述は簡潔に行なうが、夜行列車は、上野〜秋田間と同〜金沢間がメインのはずの上越線に、JR化後の1990（平成2）年から上野〜青森間寝台特急の「鳥海」〜「あけぼの」、さらに1997（平成9）年からは、上野〜福井間電車急行「能登」が加わっているのは興味深い。これは、「あけぼの」系統では、本来のルートである奥羽本線福島〜山形間が、新幹線電車の直通運転化に伴い標準軌に改軌。「能登」の上越線復帰は、北陸新幹線の長野開業時に碓氷峠区間の横川〜軽井沢間が廃止され、物理的に通行不能となったのが理由である。幹線ルートの改軌や廃止などは、国鉄時代では到底考えることができなかった。

また、優等列車でないため、これも時刻表−⑭に

1982年11月の上越新幹線開業は大宮発着のため、上野〜新潟／直江津間急行「佐渡」「よねやま」は計4往復が存続した。しかし、165系の編成は開業前の12両から10両に減車されている。
◎3602M　直江津発上野行き
急行「よねやま」165系電車10連
1983.12.26　敷島〜渋川
撮影：寺本光照

記載していないが、定期快速列車として、新宿〜新潟間を主体に、全車座席指定の「ムーンライト」（のち「ムーンライトえちご」に改称）が1987（昭和62）年9月〜2009（平成21）年3月の間、運転された実績がある。

　しかし、特急「とき」や急行「佐渡」の引退後も上越在来線を走り続けた夜行列車群は、利用客の減少や車両の老朽化で、2014（平成26）年3月15日の「あけぼの」を最後に姿を消す。その間の時刻については時刻表―⑭を参照されたい。

　国鉄時代に列車撮影を目的に幾度か上越線を訪れた筆者は、JR化後も快速「ムーンライト」に3度乗車したほか、1997（平成9）年8月には「青春18きっぷ」を使って石打駅で下車し、かつての181系「とき」の活躍や、息子たちが幼い頃に家族で訪れたスキー旅行を思い出しながら、JR東日本485系や、北越急

行の681系の特急「はくたか」の写真撮影を楽しんでいる。しかし、上越線での撮影旅は現在のところ、それが最後である。

　2019（令和元）年秋には、はからずも筆者の孫と同名の観光列車が羽越本線に登場したので、以来、東京へ出て上越線列車を利用するか、あるいは大阪から「サンダーバード」と「はくたか」などの乗り継ぎで新潟へ出かけ、試乗するのを老いらくの楽しみにしている。しかし、大阪から「きたぐに」に乗れば翌朝に到着できた頃とは異なり、現在の新潟は、大阪からはアプローチが不便な地になり、コロナ禍も完全に収まっているとはいえないので、計画は実行できない状態が今もって続いている。新幹線の開業も一概に便利だとは言えない時代になったものである。

（　完　）

東京〜新潟間鉄道略年表(1945年9月〜 2014年3月)

西暦(和暦)	月日	おもな出来事(★は参考事項)
1945(昭和20)	9. 2	★日本、降伏文書に調印
	9. 9	★国鉄ならびに地方鉄道・軌道を含む日本の鉄道は連合国軍が管理
	11.20	戦後初のダイヤ改正。上野〜新潟間に急行709・710レ復活
1946(昭和21)	11.10	準急列車運転開始。準急行券を発売。優等列車は特急・急行・準急の3種別制になる
1947(昭和22)	1. 4	石炭不足の深刻化により、急行・準急列車全廃。2等車の連結停止
	4. 1	上越線高崎〜水上間電化
	4.24	東海道・山陽本線で急行列車ならびに2等車復活。
	6.29	主要幹線に急行・準急復活。上野〜金沢・新潟間に夜行急行605・606レを上越線経由で運転
	10. 1	上越線石打〜長岡間電化に伴い同線の全線電化完成
1948(昭和23)	7. 1	戦後初の全国ダイヤ改正。急行の速度低下、準急の増発をはかる。上野〜新潟・秋田間に夜行急行701・702レ運転。上越線での夜行急行は金沢行きとの2往復になる。
1949(昭和24)	6. 1	★公共企業体「日本国有鉄道」発足
	9.15	全国ダイヤ改正。上野〜新潟間に昼行急行2701・2702レが不定期で復活。上野〜新潟・秋田間夜行急行は準急703・704レに格下げ。秋田編成の併線を廃止
1950(昭和25)	3. 1	★東海道本線東京〜沼津間に80系湘南形電車運転開始
	10. 1	戦後初の白紙ダイヤ改正。急行の増発とスピードアップなど、輸送サービスを向上。上野〜新潟間に昼行不定期急行を定期急行701・702レに格上げ。同区間の夜行準急を705・706レとし、高崎まで直江津行きを併結
	11. 2	国鉄本庁で急行列車12本に列車名を命名。上越線では上野〜大阪間急行601・602レが「北陸」になる。愛称付き列車での運転開始は11月8日
1952(昭和27)	4. 1	高崎線大宮〜高崎間電化。上野〜長岡間で電気運転開始
	10. 1	上・信越線ダイヤ改正。上野〜新潟間急行701・702レに「越路」を命名
1954(昭和29)	10. 1	ダイヤ改正。上野〜青森間に上越・羽越線経由の不定期急行2801・2802レ「津軽」を運転
1956(昭和31)	4.15	白新線新潟〜新発田間全通
1956(昭和31)	11.19	全国白紙ダイヤ改正。上野〜新潟間に急行「佐渡」増発、上野〜青森間不定期急行「津軽」を、定期格上げと同時に上野〜秋田間急行とし、列車名を「羽黒」に変更。上野〜高崎間普通列車の一部を電車に置換え
1957(昭和32)	12. 1	両毛線高崎〜前橋間電化。上野〜前橋間で電車運転開始
	12.20	両毛線高崎〜新前橋間を上越線に編入
1958(昭和33)	4.14	上野〜越後湯沢間に電車準急「奥利根」新設
	10. 1	★ダイヤ改正。特急「あさかぜ」を20系固定編成客車に置換え。急行の特別2等車の制度を廃止し、座席指定2等車に変更する
	11. 1	★東京〜大阪／神戸間に151系(当時20系)電車準急「こだま」2往復新設。
1959(昭和34)	4.13	上野〜長岡間に電車準急「ゆきぐに」新設
	9.22	★東京〜日光間に専用電車157系による準急「日光」運転
1961(昭和36)	10. 1	全国ダイヤ改正。気動車特急の増発で、全国主要幹線に特急を新設し特急列車網を構築。上野〜大阪間に信越・北陸線経由の特急「白鳥」運転。東海道本線に電車特急増発
1962(昭和37)	2. 1	上野〜長岡間に準急「ゆきぐに2〜1号」を増発。153系電車使用
	6.10	信越本線高崎〜横川間、長岡〜新潟間電化完成。上野〜新潟間に161系電車特急「とき」、急行「弥彦」を新設。同区間の急行は3往復運転となり、うち下り「弥彦」と上り「佐渡」を電車化。80系を使用
1963(昭和38)	1.11	日本海各地を襲った豪雪により、北陸・上信越線等不通。2.18に復旧。この間1.23の上り急行「越路」は、6日がかりで上野にたどり着く(本文記事参照)
	3.26	電車急行下り「弥彦」と上り「佐渡」を165系で置き換え
	6. 1	上越線ダイヤ改正。上野〜新潟間昼行急行を4往復に増強。すべて165系でビュフェ車を連結。夜行も寝台急行「天の川」を新設。準急「越後」電車急行になる。
	7.15	★信越本線軽井沢〜長野間電化完成。横川〜軽井沢間粘着鉄道の新線一部開業
	9.30	★信越本線横川〜軽井沢間全列車を新線上野粘着運転に切り替え、アプト式を廃止
	10. 1	★信越本線ダイヤ改正。上野〜長野間に電車急行7往復運転。上野〜新潟間を東北・磐越西経由で結ぶ気動車急行「いいで」新設
1964(昭和39)	6.16	新潟・山形両県の日本海沿いに大地震(新潟地震)発生。両県の国私鉄に多大な被害を与える。新潟駅は使用不能に陥るが、24日から一部で営業再開
	10. 1	★東海道新幹線東京〜新大阪間開業を中心としたダイヤ改正実施
1965(昭和40)	3.25	上野〜新潟間に電車特急「とき」を181系で1往復増発。2往復になる。
	9.24	全国主要駅に「みどりの窓口」設置。上野〜新潟間では両駅のほか、赤羽・大宮・高崎・渋川・長岡に設置
	10. 1	全国ダイヤ改正。信越本線宮内〜新潟間複線化完成。上越線も60%の区間で複線化完成。上野〜新潟間に電車急行1往復増発。6往復になったのを機に列車名を昼行5往復を「佐渡」に統一。夜行は「越路」に変更となる。越後湯沢〜新潟間に電車準急「ゆざわ」新設。
	12. 1	上野〜秋田間に上越・羽越線経由の気動車急行「鳥海」運転開始
1966(昭和41)	3. 5	国鉄運賃・料金改正により、準急券は100km未満の区間のみ発売になる。これにより、「ゆざわ」「奥利根」など上越線を走る準急は急行に格上げされる
	8.24	★信越本線長野〜直江津間電化完成
	10. 1	上野〜新潟間に電車特急「とき」を1往復増発。3往復になる。

西暦(和暦)	月日	おもな出来事(★は参考事項)
1967(昭和42)	6.10	長野原線(現吾妻線)渋川～長野原間電化完成
	7.1	上野～長野原間気動車急行「草津」「草津いでゆ」を電車化。列車名を「草津」に統合
	9.28	新清水トンネル開通により、上越線全線複線化完成
	10.1	上野～新潟間全線複線化に伴い、同区間の特急・急行スピードアップ。特急「とき」1往復が東京始終着に変更
1968(昭和43)	10.1	全国ダイヤ改正。東京～新潟間の線路強化完成により、電車特急の最高速度を120km/hに向上。特急「とき」季節列車2往復増発。急行「佐渡」は定期5・季節2・臨時1の8往復体制になる。夜行は列車名統合で「越路」が「佐渡」、「羽黒」は「鳥海」に統合。寝台列車の「天の川」はそのまま。「北陸」は定期・季節合わせ2往復になる。
1969(昭和44)	8.24	信越本線直江津～宮内間電化により、高崎～新潟間全線電化完成
	9.29	北陸本線糸魚川～直江津間電化により、米原～直江津間全線電化完成
	10.1	上野～新潟間「とき」2往復を定期格上げ、5往復になる。上野～秋田間に上越・羽越線経由の気動車特急「いなほ」新設。上野～金沢間気動車急行「はくたか」を電車化して、上越線経由に変更。上野～秋田間気動車急行「鳥海1―1号」の上野～新潟間を季節列車に格下げ
1970(昭和45)	10.1	上野～新潟間に電車特急「とき」を1往復増発。6往復になる。
1971(昭和46)	4.24	上野～長野原間に臨時電車特急「白根」運転開始
1972(昭和47)	3.15	全国ダイヤ改正。上野～新潟間に特急「とき」を1往復増発。7往復になる。「とき」に等時隔運転を実施。上野～新潟間寝台急行「天の川」を秋田へ延長。上野～秋田間気動車急行に直江津行の「よねやま」を併結。電車急行「ゆざわ」廃止
	8.5	羽越本線、白新線全線電化により、日本海縦貫線全線電化完成。
	10.2	日本海縦貫電化に伴うダイヤ改正。上野～新潟間特急「とき」3往復増発(うち1往復は12.1から運転)、10往復になる。全列車に自由席を設置し、エル特急に指定。気動車特急「いなほ」を電車化、上野～秋田／青森間で2往復運転に増発。急行「佐渡」のうち1往復を直江津始終着の「よねやま」に変更。これにより「佐渡」は夜行を含め5往復(うち1往復季節列車)となる。「鳥海1―1号」の上野～新潟間を廃止。
1973(昭和48)	4.1	特急「とき10―1号」の東京駅乗入れ廃止、上野始終着に変更
	10.1	ダイヤ改正。上野～新潟間特急「とき」3往復増発、13往復になり、日中1時間ヘッド運転実現。急行「佐渡」は4往復に削減、「よねやま」とともにビュフェ営業休止
1974(昭和49)	12.28	特急「とき」のうち3往復を183系電車に置換え。食堂車の連結なし
1975(昭和50)	3.10	上野～金沢間夜行急行「北陸」2往復中、1往復を寝台特急「北陸」に格上げ20系を使用。急行のまま残存した1往復は「能登」に改称
	4.14	湯檜曽～土合間の上り線が土砂崩壊で不通。5.26復旧
	10.1	特急「とき」のうち4往復を183系電車に置換え。これにより、13往復の「とき」は7往復が183系になる。残存の181系は編成を12両に増強
1976(昭和51)	3.1	上野～金沢間特急「はくたか」に自由席設置
	10.1	上野～秋田間寝台急行「天の川」の客車を20系に置換え
	11.6	★国鉄運賃・料金改訂で旅客・貨物とも50%強の大幅値上げ。以後利用客離れを招く
1978(昭和53)	10.2	全国ダイヤ改正。列車の号数番号が新幹線並みに下り奇数・上り偶数に変更。183系など可変式の列車名幕を持つ電車特急にイラスト入りヘッドマーク採用。上野～新潟間特急「とき」1往復増発、14往復になり、うち11往復を183系が担当。181系は3往復のみとなり、食堂車の連結を廃止。上越線に規格ダイヤ見直しと保守間合い導入が実施された結果、「とき」をはじめとする優等列車がスピードダウン。寝台特急「北陸」は14系に変更
1979(昭和54)	4.20	上野～金沢間特急「はくたか」1往復増発。489系12両編成
	7.1	上野～秋田間特急「いなほ」1往復増発で、3往復になる。485系12両編成
1981(昭和56)	10.1	「とき」の12号車(自由席)が、在来線特急としては初の禁煙席になる
1982(昭和57)	6.23	★東北新幹線大宮～盛岡間先行開業
	11.15	上越新幹線大宮～新潟間開業によるダイヤ改正。大宮～新潟間に速達型「あさひ」11往復、各駅停車型「とき」10往復運転。上野～大宮間に「新幹線リレー号」運転。在来線昼行特急のうち、長岡以北へは「いなほ」の上野～青森間列車が「鳥海」の列車名で運転。「とき」と「はくたか」は全廃。急行は「佐渡」3往復(1往復は季節列車)と「よねやま」が存続。夜行列車は原則として存続。上野～秋田間寝台急行「鳥海」は特急「出羽」に格上げ。上野～金沢間急行「能登」は信越本線経由列車になる。
1985(昭和60)	3.14	東北・上越新幹線上野開業。特急「鳥海」、急行「佐渡」「よねやま」「天の川」の廃止・臨時列車格下げで、在来線の上野～新潟間直通列車は消滅。上越線全線を走行する優等列車も寝台特急の「北陸」「出羽」の2往復だけとなる
1987(昭和62)	4.1	国鉄に替わり、JR旅客6社など誕生。上越線はJR東日本の路線になる
1990(平成2)	9.1	山形新幹線工事準備のため、上野～青森間寝台特急「あけぼの1―4号」を上越・羽越線経由とし、列車名を「鳥海」に変更
1993(平成5)	12.1	上野～秋田間寝台特急「出羽」廃止
1997(平成9)	3.22	上野～青森間寝台特急「鳥海」の列車名を「あけぼの」に変更
	10.1	北陸(長野)新幹線高崎～長野間開業に伴い、上野～福井間夜行急行「能登」を信越本線経由から上越線経由に変更
2010(平成22)	3.13	上野～金沢間寝台特急「北陸」廃止、同急行「能登」を臨時列車に格下げ
2014(平成26)	3.15	上野～青森間寝台特急「あけぼの」廃止(当面は多客時運転の臨時列車として設定)。上越線高崎～宮内間を走行する定期優等列車が姿を消す

本文を補足する資料として制度や線路の変更、著名列車の動向など必要最小限を記載

時刻表ー⑤　東京（上野）ー新潟・金沢・秋田間急行列車時刻の変遷（5）

						1965(昭和40)年10月1日						
列車番号	701M	2001M	703M	801D	705M	707M	2003M	709M	801	1601	1709M	701
種別	急行	特急	急行	急行	急行	急行	特急	急行	急行	急行	急行	急行
列車名	第1佐渡	第1とき	第2佐渡	鳥海	第3佐渡	第4佐渡	第2とき	第5佐渡	羽黒	北陸	越路	天の川
形式・編成両数	165系⑬	181系⑩	165系⑬	58系⑫	165系⑬	165系⑪	181系⑩	165系⑬	一般形⑪	一般形⑬	165系⑬	一般形⑨
連結車種	ビ	シ	ビ		ビ		シ	ビ	Bロネ・ハネ	Bロネ・ハネ	ビ(休)	Bロネ・ハネ
上　野　発	7 10	8 05	9 10	10 20	13 00	15 31	16 45	18 04	21 00	21 26	22 35	22 50
大　宮　〃	7 40	8 33	9 42	10 57	13 37	16 08	↓	18 35	21 36	22 03	23 12	23 28
高　崎　〃	8 42	9 32	10 47	11 56	14 42	17 08	18 11	19 34	22 50	23 16	0 28	0 46
水　上　〃	9 44	↓	11 48	12 52	15 40	18 06	19 03	20 29	0 01	0 27	1 48	2 08
越後湯沢〃	10 19	10 55	12 21	13 30	16 15	18 39	↓	21 04	↓	↓	2 34	3 00
長　岡　着	11 30	11 56	13 32	14 44	17 22	19 48	20 34	22 16	2 01	2 25	3 59	4 48
東三条　発	11 54	↓	13 57	15 07	17 47	20 10	20 55	22 38	2 40	〃	4 45	5 25
新　津　着	12 15	12 36	14 20	15 30	18 10	20 32	21 16	22 59	3 06	〃	5 14	5 53
新　潟　〃	12 30	12 50	14 36	15 45	18 27	20 52	21 30	23 15	〃	〃	5 38	6 15
羽越方面				秋田					秋田			
終着				20 31					8 56			
北陸方面										金沢		
終着										8 03		
備　考				白新線経由 12/1から運転		11/28より 13両、ビ連結						
列車番号	702M	2002M	704M	706M	802D	708M	2004M	710M	1710M	702	1602	802
種別	急行	特急	急行	急行	急行	急行	特急	急行	急行	急行	急行	急行
列車名	第1佐渡	第1とき	第2佐渡	第3佐渡	鳥海	第4佐渡	第2とき	第5佐渡	越路	天の川	北陸	羽黒
形式・編成両数	165系⑬	181系⑩	165系⑪	165系⑬	58系⑫	165系⑬	181系⑩	165系⑬	165系⑬	一般形⑨	一般形⑬	一般形⑪
連結車種	ビ	シ		ビ		ビ	シ	ビ	ビ(休)	Bロネ・ハネ	Bロネ・ハネ	Bロネ・ハネ
羽越方面					秋田							秋田
始発					6 55							19 06
北陸方面											金沢	
始発											20 00	
新　潟　発	7 00	8 00	9 00	10 50	11 55	13 20	15 00	16 30	22 35	23 00	〃	〃
新　津　〃	7 15	8 14	9 14	11 05	12 10	13 35	15 14	16 45	23 10	23 22	〃	0 41
東三条　〃	7 38	8 34	9 37	11 28	12 34	13 58	↓	17 07	23 37	23 52	〃	1 07
長　岡　〃	8 02	8 55	9 58	11 52	12 58	14 22	15 54	17 33	0 05	0 30	1 18	1 38
越後湯沢〃	9 11	↓	11 08	13 04	14 12	15 34	16 58	18 41	↓	2 24	↓	3 11
水　上　〃	9 50	10 28	11 54	13 46	14 55	16 14	↓	19 23	2 50	3 15	3 41	4 00
高　崎　〃	10 45	11 22	12 51	14 42	15 53	17 09	18 24	20 19	3 57	4 20	4 50	5 04
大　宮　着	11 44	↓	13 48	15 41	16 51	18 09	19 18	21 17	5 03	5 26	6 03	6 09
上　野　〃	12 22	12 44	14 25	16 17	17 25	18 45	19 44	21 57	5 41	6 06	6 42	6 48
備　考			11/28より 13両、ビ連結		白新線経由 12/1から運転							

上越線全線を走行する定期列車を原則として表示。
連結車種欄　Bロネ=1等寝台車B室　ハネ=2等寝台車　シ=食堂車　ビ=ビュフェ付き車両

時刻表―⑭　東京（上野）―新潟・金沢・秋田間急行列車時刻の変遷（14）

下り（東京（上野）→新潟・金沢・秋田方面）

	1982(昭和57年11月15日)					1985.3.14			1986.11.1		1990.9.1			1993.12.1			1997.10.1			2010.3.13
列車番号	6701M	3601M	2041M	703M	705M	3001	801	2001	2001	3001	2021	3001	2001	2021	3011	2001	2021	3011	611M	2021
種別	急行	急行	特急	急行	急行	特急	急行	特急	特急	特急	特急	特急	特急	特急	特急	特急	特急	特急	急行	特急
列車名	佐渡1号	よねやま	鳥海	佐渡3号	佐渡5号	北陸	天の川	出羽	出羽	北陸	鳥海	北陸	出羽	鳥海	北陸	出羽	あけぼの	北陸	能登	あけぼの
形式・編成両数	165系⑩	165系⑩	485系⑫	165系⑫	165系⑩	14系⑫	20系⑪	24系⑫	24系⑩	14系⑫	24系⑩	14系⑫	24系⑨	24系⑨	14系⑫	24系⑨	24系⑬	14系⑫	485系⑨	24系⑨
連結車種			シ			ロネ・ハネ	ロネ・ハネ	ロネ・ハネ	ロネ・ハネ	ロネ・ハネ	ロネ・ハネ	ロネ・ハネ	ロネ・ハネ	ロネ・ハネ	ロネ・ハネ	ロネ・ハネ	ロネ・ハネ	ロネ・ハネ		ロネ・ハネ
上野 発	7 34	9 34		13 34	18 34	21 50	22 37	21 40	23 03	21 50	20 51	22 44	23 03	21 23	23 03	23 03	21 41	23 03	23 54	21 15
大宮 〃	8 00	10 00		14 00	19 00	22 16	23 03	22 06	23 30	22 16	21 19	23 09	23 30	21 49	23 30	23 30	22 07	23 30	0 20	21 40
高崎 〃	9 06	11 05		15 06	20 05	23 32	0 30	23 23	0 28	23 44	22 30	0 07	0 30	22 53	0 30	0 30	23 16	0 30	1 19	22 48
水上 〃	10 04	12 03		16 04	21 04		1 47	0 24	1 21	0 40	→	1 00	1 23	→	→	→	→	→	→	→
越後湯沢 〃	10 32	12 28		16 32	21 31		3 57													
長岡 着	11 37	13 32		17 38	22 36		4 21	→	→	→	→	→	→	→	→	→	→	→	→	→
東三条 〃	12 00			18 03	22 59		4 47	→	→	→	→	→	→	→	→	→	→	→	→	→
新津 〃	12 24	14 30		18 26	23 21		5 07	→	→	→	→	→	→	→	→	→	→	→	→	→
新潟 着	12 39			18 40	23 35															
羽越方面 終着			青森 21 13				秋田 10 30	秋田 8 19	秋田 8 19		青森 9 07		秋田 8 19	青森 9 15		秋田 8 19	青森 10 21			青森 9 56
北陸方面 終着		直江津 14 42				金沢 6 39				金沢 6 34		金沢 6 30			金沢 6 31			金沢 6 30	福井 7 50	
備考						寝台列車	寝台列車	寝台列車	寝台列車	寝台列車	寝台列車	寝台列車	寝台列車	寝台列車 個室車連結	寝台列車 個室車連結	寝台列車 個室車連結	寝台列車 個室車連結	寝台列車 個室車連結		寝台列車 個室車連結

上り（新潟・金沢・秋田方面→東京（上野））

	1982(昭和57年11月15日)					1985.3.14			1986.11.1		1990.9.1			1993.12.1			1997.10.1			2010.3.13
列車番号	702M	3602M	6704M	2042M	706M	802	3002	2002	2002	3002	2022	3002	2002	2022	3002	2002	2022	3012	612M	2022
種別	急行	急行	急行	特急	急行	急行	特急	特急	特急	特急	特急	特急	特急	特急	特急	特急	特急	特急	急行	特急
列車名	佐渡2号	よねやま	佐渡4号	鳥海	佐渡6号	天の川	北陸	出羽	出羽	北陸	鳥海	北陸	出羽	鳥海	北陸	出羽	あけぼの	北陸	能登	あけぼの
形式・編成両数	165系⑩	165系⑩	165系⑫	485系⑫	165系⑩	20系⑪	14系⑫	24系⑫	24系⑩	14系⑫	24系⑩	14系⑫	24系⑨	24系⑨	14系⑫	24系⑨	24系⑬	14系⑫	485系⑩	24系⑨
連結車種				シ		ロネ・ハネ	ロネ・ハネ	ロネ・ハネ	ロネ・ハネ	ロネ・ハネ	ロネ・ハネ	ロネ・ハネ	ロネ・ハネ	ロネ・ハネ	ロネ・ハネ	ロネ・ハネ	ロネ・ハネ	ロネ・ハネ		ロネ・ハネ
羽越方面 始発				青森 7 56				秋田 20 05	秋田 20 12		青森 20 11		秋田 20 24	青森 17 35		秋田 8 19	青森 21 07			青森 18 08
北陸方面 始発		直江津 11 16					金沢 21 40			金沢 21 40		金沢 21 51			金沢 22 08			金沢 22 14	福井 21 07	
新潟 発	7 09		8 06		12 00	23 12														
新津 〃	7 22		8 26		12 26	23 56		0 40	0 43		0 47			1 04						1 24
東三条 〃	7 44		8 50		13 00(?)	0 22		→	→		→			→						→
長岡 〃	8 06		9 07			1 00		3 42	3 42		3 42		3 45	→						→
越後湯沢 〃	9 10					3 16		4 38	4 38		4 38		4 40	4 38						→
水上 〃	9 43					4 17		5 53	5 42		5 43		5 42	5 43						→
高崎 〃	10 33					5 28		8 55	6 08	6 08	6 08	6 19	5 42	6 11	6 08	6 22	5 39	6 19	5 53	5 18
大宮 〃	11 33	16 03	18 24	18 07		5 55		9 20	6 21	6 21	6 08								6 31	6 29
上野 着	12 00	16 30	18 50	18 40	21 31	5 55	6 08	6 21	6 21	6 22	6 08	6 19	9 20	6 11	6 19	6 08	6 05	6 19	6 58	6 58
備考						寝台列車	寝台列車	寝台列車	寝台列車	寝台列車	寝台列車	寝台列車	寝台列車	寝台列車	寝台列車	寝台列車	寝台列車 個室車連結	寝台列車 個室車連結		寝台列車 個室車連結

原則として定期列車と運転日の多い季節列車を表示。
ロネ＝A寝台車　ハネ＝B寝台車　シ＝食堂車
連結車種欄　ロネ＝A寝台車　ハネ＝B寝台車

1962年11月当時の上越線の時刻表

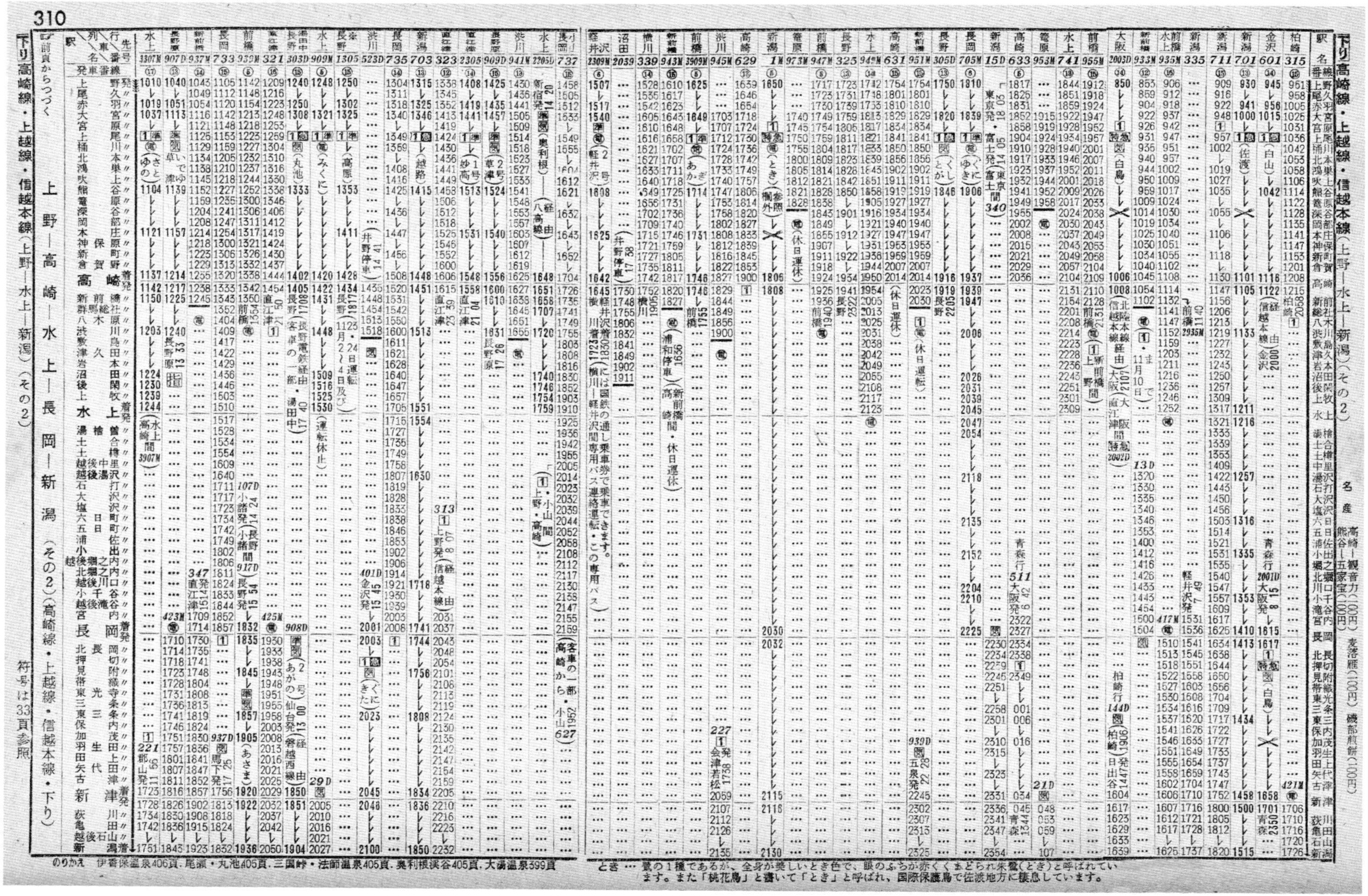
310
下り 高崎線・上越線・信越本線（上野—水上—新潟）（その2）
上野—高崎—水上—長岡—新潟（その2）（高崎線・上越線・信越本線・下り）
符号は33頁参照
名産 高崎—観音力（100円） 熊谷—五家宝（100円） 長岡—麦落雁（100円） 新津—機部煎餅（100円）
のりかえ 伊香保温泉406頁．尾瀬・丸池405頁．三国峠・法師温泉405頁．奥利根湯檜曽405頁．大湯温泉399頁
とき…鷺の1種であるが、全身が美しいとき色で、眼のふちが赤くくまどられ朱鷺（とき）と呼ばれています。また「桃花鳥」と書いて「とき」と呼ばれ、国際保護鳥で佐渡地方に棲息しています。

第2章
カラフルな電車が活躍した
上越線の優等列車

勢多郡赤城村棚下地区(現、渋川市赤城町棚下)に架かる第3利根川橋梁を行くスキー臨であろうかオールモノクラスの下り急行列車。この棚下地区は12万年前の赤城山噴火で発生した棚下火砕流で形成され、利根川によって侵食された高低差150m近い崖の下にある。また上越線も鉄橋を渡るとこの崖に掘られた棚下トンネルを進んでいく。
◎津久田〜岩本　1978.3　撮影：荒川好夫(RGG)

（1）客車・電車優等列車の並立時代
（1956〜1968年）

竣工したばかりの新潟駅を発車した上野行き急行「佐渡」。4面の真新しいホームが光って見える。当時新潟駅から上野・大阪方面への長距離列車はすべて蒸気機関車牽引の客車列車で、越後線や白新線、それに信越本線や磐越西線の小運転用に使用されるに過ぎなかった。
◎702レ 新潟発上野行き急行「佐渡」C57 43系客車9連 1958.4 新潟 撮影：瀬古龍雄（新津鉄道資料館）

加茂付近の水田地帯を行く上り急行「越路」。当時は上野〜新潟間を結ぶ唯一の昼行優等列車だった。上越線は全線電化されているのに、平坦区間であるはずの長岡〜新潟間電化は、あと6年も待たなければならなかった。先頭には古豪のC51が立つ。機関士も選ばれた人しか乗務できなかった。
◎702レ 新潟発上野行き急行「越路」C51 43系客車8連 加茂付近
1956.1.24 撮影：瀬古龍雄（新津鉄道資料館）

鉄道開業や電化、特急運転など長岡に先を越される苦汁をなめてきた新潟県都に、電車特急「とき」が誕生。運転開始の1962年 6月10日は、新潟市民にとっては「時の記念日」ならぬ「とき(朱鷺)の記念日」で、一番列車出発に際しては盛大な式典が実施された。
◎2M 新潟発上野行き特急「とき」161系電車9連 1962.6.10 新潟
撮影：瀬古龍雄（新津鉄道資料館）

特急「とき」とおなじ1962年6月改正で登場した上野～新潟間電車急行「弥彦」(下りは「佐渡」)は、改正前の準急「ゆきぐに1・2号」を新潟に延長のうえ格上げした列車で、車両もそのまま80系を使用したため、利用客からの評判は最悪だった。出入口脇の号車札や種別表示が「急行」の存在を誇示しているが、準急はともかくとして、急行に使用する車両ではなかった。
◎701M上野発新潟行き急行「弥彦」80系電車7連　新津　1962.6.10　撮影：瀬古龍雄(新津鉄道資料館)

湯檜曽付近の第六利根川橋梁を行く80系準急「ゆきぐに」。スピードの速さが好評だったが、1週間後のダイヤ改正で新潟行きの急行に格上げされたため、今度は利用客からの不満をかう列車になってしまった。
◎705M　上野発長岡行き準急「ゆきぐに」80系電車7連　水上～湯檜曽　1962.6.2　撮影：林　嶢

上越線電車急行の体質改善を狙って投入された165系電車。正面スタイルは東海道本線急行・準急用の153系に類似しているが、正面下半部も緑で塗り潰され、"ヤマ線を行く電車"にふさわしい面構えである。165系電車は東海道本線電車急行並みに、12両編成中に1等車とビュフェ車を各2両連結した。165系は153系の勾配線区用車として1963年に登場し、トップナンバー編成は新潟客貨車区に配置された。急行「佐渡」では1963年3月から運転され、1965年10月改正で上野〜新潟間の昼行急行は「佐渡」に統一された。大型のヘッドマークが誇らしげだ。
◎702M　新潟発上野行き急行「佐渡1号」165系電車13連　1970.6.4　新潟　撮影：荒川好夫（RGG）

新潟駅に停車中の特急「とき」用車両。先頭車クハ162―2は改造され、すでにクハ182―42の番号になっているので、1965
年5月以後の撮影である。流麗な161系(181系)のフォルムは現在なお新鮮で、鉄道ファンを魅せてやまない。
◎181系電車10連　1965.9.14　新潟　撮影：荻原二郎

上野駅5番ホームで発車待ちの特急「とき」。3月下旬からは181系による1往復が増発され、この161系も181系に改造される。
右手には1年前に磯子延伸された京浜東北線の72系電車が見える。まさに昭和時代の1コマである。
◎1M　上野発新潟行き特急「とき」161系電車9連　1965.3　上野　撮影：荒川好夫（RGG）

80系電車急行だった上野〜新潟間の急行
「弥彦」は1963年3月に下り列車が165
系7両に置き換えられ、同年6月改正から
は1等車2両にビュフェ2両が連結され
た12両編成となった。上越線複線化工事
中でまだ交換駅だった頃の津久田駅を通
過する。
◎津久田　1963.7.14
撮影：伊藤威信（RGG）

新潟行き急行「佐渡」は1等車2両にビュ
フェ2両を連結した堂々13両編成で上野
駅を発車した。当初は12両編成であった
が急行需要が高く半年も経たないうちに
増車され13両編成となった。上野〜新潟
間で最初に愛称がついた列車は急行「越
路」だったが、後に「佐渡」に吸収された。
◎上野　1965.9.5
撮影：伊藤威信（RGG）

1962年6月の設定以来161系専用で運転
されてきた特急「とき」だが、1964年4
月に発生した東海道本線での151系電車
事故の影響で、「とき」は6月中、157系
と併結で運転された。詳細は本文ページ
をご覧いただくとして、157系のヘッド
マークにも、「朱鷺」の文字が見えるのは
ご愛敬である。
◎2M　上野発新潟行き特急「とき」
157・161系電車9連　1964.6.13　上野
撮影：荻原二郎

新津駅に進入する165系の急行「第5佐渡」。駅員が白線上で乗客を制止する姿も今ではなつかしい。この「第5佐渡」は1965年10月以前は「ゆきぐに」の名で運転されていたが、「第5〇〇」の号数番号はあまり馴染めない。1968年10月改正で「佐渡5号」などに変更されたのは正解だったように思う。
◎710M　新潟発上野行き急行「第5佐渡」
165系電車13連　1967.5.5　新潟
撮影：荻原二郎

収穫したイネを干すはざ木が見える新潟平野を行く165系電車急行「ゆきぐに」。撮影場所は1962年当時における信越本線の複線化進捗や、氏の過去の作品などから、新津〜萩川間と思われる。
◎708M　新潟発上野行き急行「ゆきぐに」165系電車12連　撮影年月日・場所不詳　撮影：瀬古龍雄（新津鉄道資料館）

新潟駅1番線で発車を待つ4M 上野行き特急「第2とき」。クリーム地に窓周りを赤く塗った161系改造の181系10両編成は、まさに上越路の殿様列車たる風格が漂っていた。
◎新潟発上野行き特急「とき」
161系電車　新潟　1965.9.14
撮影：荻原二郎

上越線急行は夜行準急「越後」を含め1963年6月1日に全面165系電車化されるが、一部は改正前からすでに電車化されていた。「越後」もそのうちの1つだが、6月1日からは急行に格上げされるため、準急の幕を表示しての運転はこの日が最後である。
◎710M　新潟発上野行き準急「ゆきぐに」165系電車12連　1963.5.31　新津　撮影：瀬古龍雄（新津鉄道資料館）

第3利根川橋梁を渡る181系上り特急「とき」。編成中央付近に連結されている食堂車では「とき」13往復中5往復で聚楽が
営業を担当。洋食の多い列車食堂の中でも中華料理のメニューもあり聚楽営業の列車は人気があったという。
◎岩木～津久田　1974.6.19　撮影：荒川好夫（RGG）

(2)「とき」「佐渡」の時代（1968〜1975年）

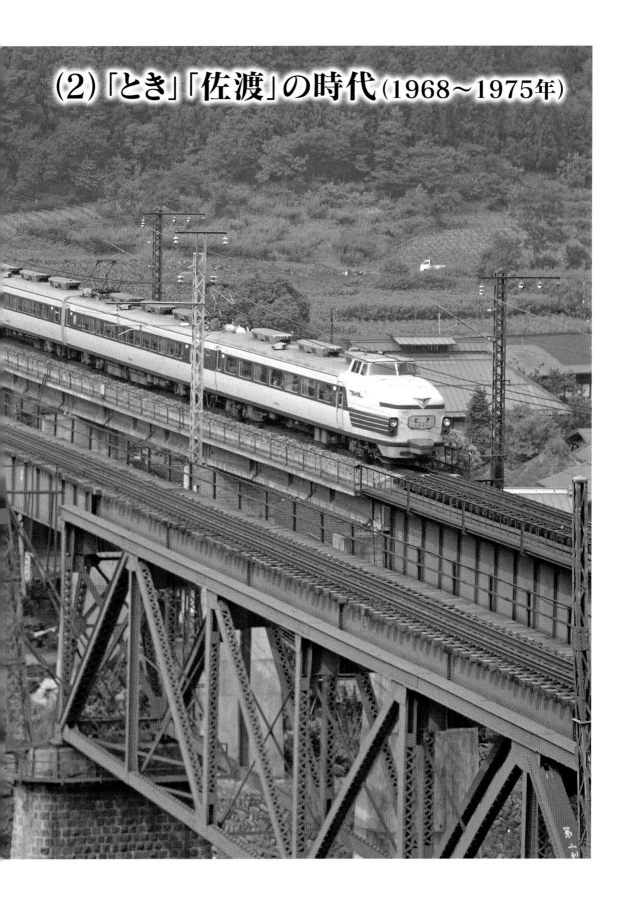

春まだ浅き上牧付近のカーブ区間を行く上
野行き特急「とき5号」。撮影当時の181系
は揺れによる乗り心地の悪さが社会的問題
になっており、代替用の183系も登場してい
たが、撮影する限りでは電車特急の王者に
ふさわしいゆったりした走りだった。
◎2010M　新潟発上野行き特急「とき5号」
181系電車10連　上牧～後閑　1975.4.4
撮影：寺本光照

大宮駅通過の下り「とき7号」。1973年10月改正後の上野〜新潟間特急「とき」は13往復全列車が181系10両編成で運転され、エル特急の象徴的存在だった。「とき」は大宮には下り9本・上り8本が停車するが、この列車は通過した。1975年初頭の大宮駅は、まだ新幹線工事が始まっておらず、列車撮影がしやすかった。
◎2013M　上野発新潟行き特急「とき7号」
181系電車10連　大宮　1975.1.4
撮影：寺本光照

世界でも有数な豪雪地帯である魚沼地域。そこを走る特急「とき」は耐寒耐雪構造を備え雪対策がなされた181系であったが、日々の120km/h運転などで老朽化が進行したことなどもあり1974年1・2月の豪雪では車両故障が頻発し、急遽183系1000代が製造されることとなった。
◎土樽　1979.1
撮影：大道正之（RGG）

上越線のうち、後閑〜越後湯沢間は鉄道技
術が格段に進歩した"昭和の鉄道"だが、全区
間が名だたるヤマ線で、勾配を緩く抑える
ためカーブ区間が多いのが特徴である。そ
うした線路を181系「とき」は積雪の多い
冬場も最高速度120km/hで走るのだから、
車体の傷みが激しいのも分かるような気が
する。
◎2012M　新潟発上野行き特急「とき6号」
181系電車10連　上牧〜後閑
1975.4.4　撮影：寺本光照

181系は旧151系と旧161系、それに1966
年10月の「あさま」「あずさ」新設時に登場
した"生まれついての181系"の3タイプに分
かれるが、写真手前の車両はスカートの長い
山陽本線からの転属車である。
◎2012M　新潟発上野行き特急「とき6号」
181系電車10連　上牧〜後閑
1975.4.4　撮影：寺本光照

上牧駅付近の築堤上を行く181系特急「とき」のフル編成をとらえた写真。先頭車クハ181の次位にグリーン車のモロ・ユニットが並ぶ組成は、基本的には東海道・山陽時代と変わりがなく、「とき」「あずさ」まで続いた。4両目は食堂車・サシ181だが、当時は幹線電車特急では当然のような設備だった。
◎2013M上野発新潟行き特急「とき7号」181系電車10連　後閑〜上牧　1975.4.4　撮影：寺本光照

上牧駅を発車した列車はしばらくするとカーブに差しかかるため、築堤上からは綺麗な列車写真を撮ることができた。165系
急行編成は、1973年9月末でビュフェ営業が廃止されたため、この日の⑥号車にはサハ165が入っていた。
◎3602M　直江津発上野行き急行「よねやま」165系電車13連　上牧～後閑　1975.4.4　撮影：寺本光照

「よねやま」は1972年10月改正で、それまでの急行「佐渡2-2号」の下り方始終着駅を新潟から直江津に変更した列車で、日本海をバックに走るビュフェ付き165系電車急行として唯一の存在である。こちらは⑥号車に売店付きの珍車サハ164を連結していたが、残念ながらこの写真では分かりづらい。
◎3601M　上野発直江津行き急行「よねやま」165系電車13連　後閑〜上牧　1975.4.4　撮影：寺本光照

沿線に多数のスキー場を抱える上越線では古くからスキー臨時列車が運転されていた。その中でも1969年1月から運転を開始した特急「新雪」は国鉄初のスキー臨時特急で当初は181系を使用し、文字に雪をあしらった専用のヘッドマークも掲げられた。その後、最盛期には下り7本、上り6本まで増発され、「シュプール号」登場翌年の1987年3月まで様々な車両で運転された。写真は幕張電車区183系で「新雪」のヘッドマークも用意されているはずだが臨時表示でやってきたようだ。
◎土樽　1979.1.15　撮影：大道正之（RGG）

関東と羽越本線沿線を結ぶ初めての特
急として1969年10月に登場した上野
〜秋田間の特急「いなほ」は、当初羽
越本線が未電化だったためキハ80系を
使用して運転された。1972年8月に
羽越本線が電化された後の10月改正で
485系に置き換えられたため、活躍期
間は短かった。
◎長岡　1970.11.30
撮影：小泉 喬（RGG）

金沢からの急行「北陸２号」が早朝の上野駅地平ホームへ到着する。この「北陸２号」は1968年10月改正から１等車１両以外全て寝台車で組成されていた。この「北陸」という列車名は古く1950年11月から高崎・上越線を走り通す急行列車としては最初に愛称が付けられた列車だった。
◎上野　1970.11.7
撮影：荒川好夫（RGG）

気動車特急だった「いなほ」は1972年10月の日本海縦貫線電化で485系電車での運転になる。1975年4月時点では2往復とも青森運転所の担当だったため、先頭車は貫通型のクハ481形200番代が使用されていた。撮影当日は学校が休みのシーズンであるため閑散期ではないが、編成は2両減の10両だった。
◎2042M　秋田発上野行き特急「いなほ1号」
485系電車10連　上牧〜後閑
1975.4.4　撮影：寺本光照

(3) 特急多様化の時代(1975〜1982年)

稲架掛けの田を横目に新潟へ急ぐ181系12連の特急「とき」。現在、背景の山の腹には関越自動車道が通り、利根川の対岸には
上越新幹線上毛高原駅がある。上越新幹線開業の3年後に全通した関越自動車道は新幹線と共に関東と新潟の人や物の流れを
大きく変えた。◎後閑〜上牧　1975.10.21　撮影：荒川好夫(RGG)

1975年10月から12両編成に増強された
181系特急「とき」。写真撮影地点は田ん
ぼが広がっているが、列車後方の建物があ
る辺りは、冬季にはゲレンデとなり、スキー
ヤーで賑わう。
◎2008M　新潟発上野行き特急「とき4号」
181系電車12連　1976.8.23
石打〜越後湯沢　撮影：寺本光照

12両の長大編成も美しい181系特急「と
き4号」が魚野川沿いの大カーブを行く。
鉄道趣味者の中には、後追い写真を列車
写真と認めない方もおられるようだが、向
かって右カーブの場合は、後追いの方が
列車編成を調べるにも好都合であること
は確かである。
◎2007M上野発新潟行き特急「とき4号」
181系電車12連　1976.8.23
越後湯沢〜石打　撮影：寺本光照

97ページの「とき4号」の先頭部のカーブの外側から線路わきの小径を登り、181系特急「とき5号」を俯瞰撮影した作品。先頭車はスカートの形状から東海道・山陽から来た旧151系で、まさしく嬉しいこと(栄華の東海道時代)や悲しいこと(揺れが原因で社会的問題になる)も、みな知っている電車だった。
◎2009M上野発新潟行き特急「とき5号」
181系電車12連　1976.8.23
越後湯沢〜石打　撮影：寺本光照

第２利根川橋梁を渡る下り特急「とき」。183系1000代の登場で徐々に運転本数を減らしていき、晩年には14往復中3往復の運転に減っていった181系であったが、こだま形の出で立ちは人気が高かった。
◎津久田〜岩本　1978.3　撮影：荒川好夫（RGG）

上越線にはカーブ区間が多く存在するが、その中でも代表格は「岩原の大カーブ」で、大縮尺の地図帳では岩原〜中里の両駅間がUの字型になっているのが分かる。写真はカーブ内でとらえた181系「とき14号」。1978年10月改正での組成変更で、先頭車はクハ180に交替し、中間のサロ2両が段違いになっているのが分かる。
◎2014M　新潟発上野行き特急「とき14号」181系電車12連　1981.7.22　岩原スキー場前（臨）〜越後中里　撮影：寺本光照

1978年10月改正で181系は183系1000
代と編成が揃えられ、食堂車が外される
こととなった。そこで電動車であったグ
リーン車を付随車とするため登場したの
がサロ181形1100代とサロ181形1050
代。サロ181形1100代は新製車であるが
転用を見越してサロ481形1000代と同
じ車体で製造。サロ181形1050代は鹿
児島車両管理所のサロ481形から改造さ
れた車両だった。そのため他の181系と
床板高さが合っておらず凹凸のある編成
となってしまった。
◎岩原スキー場前（臨）〜越後中里
1980.2.11　撮影：大道正之（RGG）

信越本線の碓氷峠対策用に製造されたクハ
180を先頭とする特急「とき8号」。クハ
180や181系100番代車が1978年10月改
正後も現役を続けることができたのは、同
時点で法定耐用に達してなかったのが理由
である。1978年11月からはクハ180・181
のヘッドマークも絵入りになり、従来の181
系とは異なったイメージの列車になる。
◎2016M　新潟発上野行き特急「とき8号」
181系電車12連　1981.7.23
五日町～六日町　撮影：寺本光照

古くからの鉄道写真撮影の名所である津久田付近の第2利根川橋梁を行く上り特急「とき8号」。上越線の高崎〜湯檜曽間は利根川に沿って建設されたため、列車は同区間で8回も鉄橋を渡ることになる。
◎2016M 新潟発上野行き特急「とき8号」
181系電車12連 1976.8.22
岩本〜津久田 撮影：寺本光照

上越新幹線開業を間近に控えた魚沼盆地を行く上り181系特急「とき」。先頭車は碓氷峠でEF63形との連結するため連結器カバーの無いクハ180形で1975年に特急「あさま」が189系化されたのに伴い新潟運転所へ転属してきた。
◎浦佐〜五日町　1982.8.5　撮影：高木英二（RGG）

雪深い区間を走る特急「とき」はスノープラウを取り付けるため、スカートは高さが低いものが161系から採用されていた。
◎津久田〜岩本　1978.3　撮影：荒川好夫（RGG）

雪害の影響から1974年末に急遽導入された183系1000代だったが、好評だったこともあってか1975年10月改正では約半数
の7往復が1978年には11往復が183系で運転され、瞬く間に181系を置き換えていった。
◎越後中里〜土樽　1980.2.10　撮影：森嶋孝司（RGG）

冬場はこの写真の撮影者の後方にゲレン
デが迫るこの場所も、夏にはまったく姿の
異なる風景を見せる。183系の登場は利
用客から「とき」の人気を回復する起爆
剤ともなった。
◎2011M上野発新潟行き特急「とき6号」
183系電車12連　1976.8.23
越後湯沢〜石打　撮影：寺本光照

1978年10月改正で特急「とき」の顔となったような183系。正面が非貫通であることや、ライト周りから側面の乗務員扉にかけてのヒゲの処理、2連サロの12両編成と、それまでの183系基本番代とは異なった重厚さを持つ特急車でもあった。
◎2009M上野発新潟行き特急「とき9号」
183系電車12連　1982.8.6　後閑〜上牧
撮影：寺本光照

97ページの181系「とき4号」と同一地点を行く183系特急「とき5号」。撮影当時は181系6往復に対し、183系7往復と勢力が拮抗しており、快適さを求める旅客は183系。食堂車の雰囲気を味わいたい旅客は181系と、車両を選んで乗車することができた。◎2010M　新潟発上野行き特急「とき5号」183系電車12連　石打〜越後湯沢　1981.7.23　撮影：寺本光照

上越線「とき」の体質改善を狙い、1974
年12月28日から183系が「とき」3往復
の運転に加わる。しかし、それは181系の
ファンに "お別れのとき" が来たことを教
えているかのようでもあった。写真は上
牧付近を行く真新しい183系「とき」。
◎2011M上野発新潟行き特急「とき6号」
183系電車12連　後閑〜上牧
1975.4.4　撮影：寺本光照

石打駅を通過し上越国境を目指す特急「とき3号」。始発の新潟から比較的平坦な線路を走ってきた列車も、この石打から先は山越え区間となる。田んぼと築堤から勾配の様子がうかがえる。
◎2006M　新潟発上野行き特急「とき3号」
183系電車12連　　石打〜越後湯沢
1981.7.23　撮影：寺本光照

56豪雪で運転規制がなされる最中、小出駅に到着した特急「とき」。この日の未明には115系下り普通列車が八色～小出で立ち往生するなど大雪の影響がでている。新幹線や関越自動車道が無い時代、上越線は物流の要であった。49豪雪を教訓に雪対策を万全にして導入された183系1000代は心強い。◎小出　1981.1.12　荒川好夫（RGG）

上野駅高架ホームで並ぶ特急「とき」と「あさま」。183系1000代と189系は共に181系の置き換えで登場した車両で、いわば兄弟車ともいえる。碓氷峠関係の機器を除けば概ね同じ設計のため、EF63形と連結しない長野方先頭車は「とき」のクハ183形と外観がよく似ている。当時の上野駅では上信越方面の発車ホームは高架ホームからだった。
◎上野　1975.9　撮影：荒川好夫（RGG）

越後湯沢駅付近を行く上り「とき4号」。越後湯沢は「とき」の過半数が停車し、新幹線停車も約束されている重要駅だが、駅から少し離れるだけで、こうしたのどかな風景が展開する。
◎2004M　新潟発上野行き特急「とき4号」183系電車12連　　越後湯沢〜岩原スキー場前（臨）　1981.7.23　撮影：寺本光照

上越新幹線駅の建設工事もたけなわの越後湯沢駅に進入する下り特急「とき17号」。新鋭183系も上越新幹線開業時には追わ
れる運命だが、"嫁ぎ先"はすでに内定をもらっている。
◎2017M上野発新潟行き特急「とき17号」183系電車12連　越後湯沢　1981.7.22　撮影：寺本光照

おいしい米の供給源となる魚沼盆地の田園地帯を行く183系上り特急「とき」。冬季の降雪時の車両故障時にも対応できるよう、
電動車の数を増やしたため屋根上には林のようなパンタグラフが並ぶ。
◎2008M　新潟発上野行き特急「とき8号」183系電車12連　五日町〜六日町　1981.7.23　撮影：寺本光照

岩原の大カーブを行く183系下り特急「と
き」。周辺は田んぼが広がり開けた感じだ
が、カーブの線形を採用したのは勾配の
緩和にあった。清水トンネルの土樽口は
新旧とも近接した場所にあるので、下り列
車は長岡方向に向けて坂道を下るように
走るのである。
◎2009M上野発新潟行き特急「とき9号」
183系電車12連　越後中里〜岩原スキー
場前（臨）　1981.7.22　撮影：寺本光照

津久田付近の第2利根川橋梁を行く下り特急「とき8号」。12両編成はさすが圧巻だ。撮影当時、周辺には桑畑が点在していたが、桑畑の地図記号が姿を消した現在はどうなっているのだろうか。
◎2015M上野発新潟行き特急「とき8号」
183系電車12連　津久田〜岩本
1976.8.22　撮影：寺本光照

「上毛かるた」にも出てくるループ線で名高い区間を行く183系1000代の上り特急「とき」。暫くすると下に見える第1湯檜曽トンネルから姿を現す。写真右上に見える峯沢付近では1975年4月14日に山崩れが発生。この付近の上り線が5月26日まで運休となり、下り線を使った単線運転を行った。このため運転本数が減った「とき」は181系も暫定的に12両編成で運転し輸送力増強を図った。◎北湯檜曽（信）〜湯檜曽　1981.4.20　大道正之（RGG）

石打駅付近の大カーブを行く183系下り特急「とき」。秋の訪れも間近なのか線路わきにはススキも見られる。後方の山の斜面は冬場にはスキー場になるので、そこからの列車撮影も可能である。
◎2003M上野発新潟行き特急「とき2号」183系電車12連　越後湯沢～石打　1976.8.23　撮影：寺本光照

越後中里付近の松川橋梁を行く下り急行「佐渡2号」。魚野川を渡るこの鉄橋は上下線が分かれた位置にあり、下り列車は複線化に際して建設された新橋梁を走る。松川鉄橋は上下線ともカーブしているので、美しい列車写真を撮影することができる。この「佐渡2号」は13両編成でサハシ165を連結しているが、ビュフェ営業は1973年9月末で休止されている。
◎703M上野発新潟行き急行「佐渡2号」165系電車13連　土樽〜越後中里　1976.8.23　撮影：寺本光照

六日町を発車した急行「佐渡1号」は石打
を通過し、次の停車駅・越後湯沢を目指す。
石打駅は客車列車が活躍していた頃は、蒸
気機関車から電気機関車への付替えや補助
機関車の連結を行なう重要駅だったが、優
等列車が電車化されて久しい撮影当時では、
定期急行の停車は2往復にとどまっていた。
◎702M　新潟発上野行き急行「佐渡1号」
165系電車13連　石打～越後湯沢
1976.8.23　撮影：寺本光照

岩原の大カーブを行く下り急行「佐渡1号」。築堤や田圃の形態からも緩い下り勾配になっているのが分かる。165系急行も12両に減車され、グリーン車・サロ165から淡緑色の帯が消えたばかりか、手前から4両目の車両は、窓も格好の良くない田型に変更されるなど、列車編成としての魅力は薄れてしまった。
◎701M上野発新潟行き急行「佐渡1号」165系電車12連　越後中里～岩原スキー場前（臨）　1981.7.22　撮影：寺本光照

上越新幹線開業後も1985年３月の上野開業まで上野～新潟間で走り続けた急行「佐渡」。第２魚野川橋梁を渡れば駅前ゲレンデの越後中里はもうすぐだ。上越線は新幹線開業後もスキーシーズンには急行「小出スキー」や「石打スキー」など多数のスキー臨時列車が運転され在来線の需要も多く残っていた。◎土樽～越後湯沢　1984.1.8　撮影：高木英二（RGG）

131ページの下り急行「佐渡1号」を、同地点から望遠レンズで撮影した写真。列車はカメラを持ち替える間に100m以上は岩原方に進んでいるが、別の列車のように思えるから不思議なものである。上越線の165系も1972年頃には編成全体の冷房化が完成していたが、直通客の特急指向化により、補佐的な役割に使命を変えていた。
◎701M上野発新潟行き急行「佐渡1号」165系電車12連　越後中里〜岩原スキー場前（臨）　1981.7.22　撮影：寺本光照

上越線の電車急行は季節列車を含めれば、1968年10月改正での7往復が最大で、以後は伸び悩んでいる間に特急「とき」に本数面で抜かれてしまい、撮影当時は5往復の設定だった。写真は水が冷たくきれいな用水路沿いに走る下り「佐渡1号」。新潟県の米や酒が美味しいのも納得できる気がする。
◎701M上野発新潟行き急行「佐渡1号」
165系電車12連　六日町～五日町
1981.7.23　撮影：寺本光照

上越線の平坦区間を行く下り急行「よねやま」。上野～直江津間1往復だけの設定なので、幹線急行としては号数番号のない珍しい列車でもある。しかし、東京圏からの旅客はいいところ柏崎か柿崎までのため、直江津付近では輸送力を持て余している感じだった。
◎3601M上野発直江津行き急行「よねやま」
165系電車12連　六日町～五日町
1981.7.23　撮影：寺本光照

上野〜金沢間特急「はくたか」は、
北陸本線全線電化時に上越線経由
に変更されたが、同区間は元来から
信越本線経由が順路であることや、
489系の開発などで1往復運転の時
代が続き、2往復運転になったのも
1974年4月のことだった。上越線
のボンネット型特急はイラスト入り
ヘッドマークを付けていたが、秀逸
なデザインの「とき」と異なり、架
空の鳥である「はくたか」は何とも
マンガチックだった。
◎3002M　金沢発上野行き特急
「はくたか2号」489系電車12連
五日町〜六日町　1981.7.23
撮影：寺本光照

第2利根川橋梁を走る長岡経由上野〜金沢間の下り特急「はくたか」は1978年10月改正で金沢運転所の489系に変わるまで向日町運転所の485系で運転された。車両は雷鳥などの北陸特急と共通運用で1976年7月から12両編成化されていた。
◎津久田〜岩本　1978.3　撮影：荒川好夫（RGG）

松川橋梁の上り線を行く特急「いなほ1号」。
元来からの上越線の線路を走ることで、旅客は
この先松川ループ線、清水トンネル、湯檜曽ルー
プ線などの山岳設備を体験することができる。
1973年頃は上越線の全電車特急で営業されて
いた食堂車も、車種変更などで取り止めになっ
たため、撮影当時に食堂体験ができるのはこの
「いなほ」3往復だけだった。
◎2044M　青森発上野行き特急「いなほ1号」
485系電車12連　越後中里〜土樽
1976.8.23　撮影：寺本光照

上越線には「とき」のほか、「はくたか」と「いなほ」も電車特急として乗入れていた。撮影当時「いなほ」は上野〜秋田／青森間で3往復設定されていたのは、上野〜秋田の全区間で奥羽本線経由の特急「つばさ」を保管する使命を受け持っていたからである。編成は485系12両のため、岩原のカーブも場所によっては全編成をカメラに収めるのが難しかった。
◎2042M　秋田発上野行き特急「いなほ4号」485系電車12連　岩原スキー場前（臨）〜越後中里　1981.7.22　撮影：寺本光照

明け方の高崎線を上る特急「北陸」は1975年3月改正でそれまでの夜行急行から寝台特急へ格上げとなり、上越線初の寝台特急となった。当初は20系客車であったが3年後の1978年10月改正には14系へ置き換えられている。牽引するEF58 35はEF58のうち流線型車体で作られた最初の機関車で側窓が7枚あるのが特徴。つらら切りや汽笛カバーの付いた上越型はこの線区を象徴するような出で立ちだ。またEF58牽引の上越・高崎線唯一の特急運用がこの列車だった。
◎3002レ　金沢発上野行き特急「北陸」　EF58　20系12連　上尾〜宮原　1978　撮影：小野純一（RGG）

1975年3月改正で季節臨時も含めて2往復体制だった急行「北陸」の1往復が寝台特急「北陸」へ格上げされたため、もう1往復が上越線経由上野〜金沢間の急行「能登」として運行を開始。途中で運行経路が変わったこともあったが2010年の廃止まで「北陸」の補完列車であり続けた。また「能登」はヨンサントオまでは東京〜金沢間を東海道本線経由で結んでいた列車名でもあった。◎3604レ　金沢発上野行き急行「能登」　EF58　一般形　13連　上尾〜宮原　1978　撮影：小野純一（RGG）

大宮操車場の脇を上野へ急ぐ上り急行「天の川」。当初は上野～新潟間を結んでいたが、1972年3月からは新潟経由の上野～
秋田間へと運転区間が延伸された。1976年10月改正直前から20系客車に変更され、上野方にA寝台を2両連結した11両編
成で運転。また郵便車は上野～新潟で連結されていた。
◎3604レ　秋田発上野行き急行「天の川」　EF58　オユ10＋20系12連　大宮～与野　1978　撮影：小野純一（RGG）

上越新幹線開業に伴い特急「とき」は廃止され、それまで使われていた183系1000代は84両が長野運転所、53両が幕張電車区へ転属することとなった。前日まで「とき」として走り、翌日からは新天地での運行となるため先に改造などが必要となり、不足する車両を補うため幕張電車区から183系0代を借り受け10月半ばより最終日まで「とき9・22号」として運転された。
◎上野〜鶯谷　1982.11.6　撮影：森嶋孝司（RGG）

上越新幹線開業も3か月後に迫った1982年8月、筆者は思い出の地である石打と上牧へ181系のお名残り撮影に出かけた。そして夜行列車で大阪へ帰る前に、最後にカメラに収めたのが2014M「とき14号」である。181(151)系はカメラを初めて握った1965年12月から撮影していたが、これがカメラに収める最後の雄姿となった。さようなら181系。ありがとう上越線特急「とき」‼ ◎2014M　新潟発上野行き特急「とき14号」181系電車12連　上牧～後閑　1982.8.6　撮影：寺本光照

新幹線上野開業を翌日に控え、上野駅に到着した新潟からの最終上り急行「佐渡6号」。1956年11月から続いた「佐渡」という愛称名はこの列車をもって定期運行の終わりを迎えた。その後は多客期の夜行臨時客車急行として運転されたが1987年4月を最後に廃止された。◎上野1985.3.13　撮影：森嶋孝司（RGG）

上越新幹線開業前日には新潟駅で上野行き最終「とき28号」出発式が行われた。1962年6月から20年間、東京と新潟を結ぶメインルートとして運転されてきた「とき」は翌日から上越新幹線「とき」として、車両は新天地幕張へと羽ばたいていった。◎新潟　1982.11.14　撮影：荒川好夫（RGG）

(4) 新幹線開業後の上越在来線
(1982〜1987年)

上越新幹線開業で青森発着の特急「いなほ」から名前を変えた特急「鳥海」。編成も変わらず12両編成で上野～青森間を10時間40分前後で結んだ。一方、新潟～秋田・青森間に短縮され本数が増えた「いなほ」は9両編成と短くなった。
◎越後中里～岩原スキー場前（臨）
1978.1.4　荒川好夫（RGG）

編成は短縮されグリーン車も1両に減車されるなどしたが、新幹線上野開業まで急行「よねやま」も引き続き運転された。背後に写る岩原スキー場を始め、上越線沿線には多数のスキー場がある。
◎岩原スキー場前（臨）〜越後中里　1984.1.8　撮影：高木英二（RGG）

利根川上流域にある諏訪峡の脇を流れに沿うように走る下り特急「鳥海」。この諏訪峡の上流側には上越国境で活躍したEF16 28が1982年から保存されている。上越線を走り抜ける国鉄特急色の昼行特急は上越新幹線開業後、この「鳥海」1往復だけとなった。◎上牧〜水上　1984.10.28　撮影：森嶋孝司（RGG）

上越新幹線開業後に上野～青森で運転された特急「鳥
海」は青森運転所の485系12両で運転された。車両は
特急「白鳥」と共通運用で1982年11月改正後に食堂
車営業がなされた少ない昼行特急の一つであった。
◎2041M　上野発青森行き特急「鳥海」　485系12連
津久田～岩本　1982.11.21　撮影：荒川好夫（RGG）

1982年11月の上越新幹線開業で登場した寝台特急「出羽」は夜行急行「鳥海」を特急格上げしたもので上野〜秋田間を結んだ。同区間には急行「天の川」も引き続き運転されたが、特急格上げで「出羽」には24系が使われたこともあり車両設備が急行「鳥海」時代とは大きく逆転することとなった。
◎2002レ　秋田発上野行き特急「出羽」
EF64　24系12連　浦和〜南浦和
1985.6.6　撮影：松本正敏（RGG）

定期特急「鳥海」の運転は、東北・上越新幹線上野開業の1985年3月14日改正で終了したが、その後も上野〜秋田間で多客時運転の臨時特急として、1988年3月改正で廃止されるまで活躍が見られた。臨時列車らしくグリーン車1両を含む7両というコンパクトな編成だった。◎8042M　秋田発上野行き特急「鳥海」485系電車7連　沼田　1985.3.26　撮影：寺本光照

翌日に新幹線開業を控えた上野駅では多数のファンたちが最後の勇姿を写真に収めようと集まっていた。所定では485系で運転される特急「鳥海」だが、ダイヤ改正間際の車両都合によりこの日は583系で運転されていた。
◎上野　1985.3.10
撮影：森嶋孝司（RGG）

1985年3月の新幹線上野開業で臨時列車化された特急「鳥海」は運転区間が上野〜秋田間になり、車両も秋田運転区の485系7両に変更された。土日を中心に多客期にはそこそこ運転されていたが徐々に運転日が減り、民営化後の1988年1月を最後に廃止となった。◎上牧〜後閑　1986.7.27　撮影：高木英二（RGG）

【著者プロフィール】
寺本光照（てらもと みつてる）
1950年大阪府生まれ。甲南大学法学部卒業。小学校教諭・放課後クラブ指導員・高齢者大学校講師を経て、現在はフリーの鉄道研究家・鉄道作家として著述活動に専念。
鉄道友の会会員（阪神支部監事）。
著書に「国鉄・JR列車名大事典」「これでいいのか夜行列車」（中央書院）、「新幹線発達史」「国鉄・JR関西圏近郊電車発達史」「国鉄・JR悲運の車両たち」（JTBパブリッシング）、「ブルートレイン大全」「国鉄遺産 名車両100選」（洋泉社）、「JR特急の四半世紀」「国鉄・JRディーゼル特急全史」（イカロス出版）、「よみがえる583系」（学研パブリッシング）、「国鉄旅客列車の記録【客車列車編】（共著）」（フォト・パブリッシング）など多数がある。

【写真撮影】
荻原二郎、瀬古龍雄（新津鉄道資料館）、寺本光照、林 嶽
RGG（荒川好夫、伊藤威信、牛島 完、大道政之、小野純一、小泉 喬、高木英二、松本正敏、森嶋考司）

（参考文献）
寺本光照『国鉄・JR列車名大事典』中央書院2001
三宅俊彦『日本鉄道史年表』グランプリ出版2005
星晃『回想の旅客車』交友社1985
『上越線の名列車』イカロス出版2003
『国鉄動力車配置表』鉄道図書刊行会1962・1964
『国鉄車両配置表』鉄道図書刊行会1965〜1986
『国鉄歴史事典』日本国有鉄道　1973
『日本鉄道旅行地図帳』（各号）新潮社　2008・2009
『鉄道ピクトリアル』『鉄道ファン』『ジェイ・トレイン』『JTB時刻表』（関係各号）

国鉄優等列車列伝 第4巻
「とき」「佐渡」
上野〜新潟を駆け抜けた優等列車の記録

2022年6月1日　第1刷発行

著　者……………………寺本光照
発行人…………………高山和彦
発行所…………………株式会社フォト・パブリッシング
　　　　　　　　　　〒161-0032　東京都新宿区中落合2-12-26
　　　　　　　　　　TEL.03-6914-0121 FAX.03-5988-8958
発売元…………………株式会社メディアパル（共同出版者・流通責任者）
　　　　　　　　　　〒162-8710　東京都新宿区東五軒町6-24
　　　　　　　　　　TEL.03-5261-1171 FAX.03-3235-4645
デザイン・DTP ………柏倉栄治（装丁・本文とも）
印刷所…………………株式会社シナノパブリッシングプレス

ISBN978-4-8021-3325-8 C0026